W0290941

Teresa von Avila

Erika Lorenz

Teresa von Avila

Eine Biographie mit Bildern
von Helmuth Nils Loose u. a.

Herder Freiburg · Basel · Wien

Inhalt

Alle spanischen Texte sind übersetzt von Erika Lorenz

Vorwort

Eine Bildbiographie bedeutet Führung durch das Leben eines Menschen, von dem man sich ein Bild machen möchte, realer, genauer, einprägsamer, als es Worte allein vermitteln könnten. Das Wort wiederum lockert die Bildaussagen auf, läßt Spielraum für die Schau und Interpretation des Lesers. Denn das macht ja die Größe der Großen: Von Epoche zu Epoche, von Mensch zu Mensch zeigen sie andere faszinierende Züge, erscheint ihre Antwort auf Sinn- und Lebensfragen neu akzentuiert.

Das gilt besonders für Teresa de Cepeda y Ahumada, Doña Teresa de Ahumada, wie sie selbst sich nannte, die wir als die heilige Teresa von Avila kennen. Eine höchst komplexe Persönlichkeit, von der bis in ihr 40. Lebensjahr hinein kein Mensch vermutete, daß sie einmal in den Heiligenkalender eingehen würde, wenn sie auch das Kloster als Lebensform gewählt hatte. Das war nicht ungewöhnlich in dieser Zeit der Hochrenaissance, in der die neue „Freiheit des Individuums" dem Mann zu noch mehr Willkür verhalf, die Frau aber wie eh und je sich dem Manne anzupassen hatte. Ironisch kommentiert Teresa später im „Weg der Vollkommenheit" eine berühmte Passage aus dem lateinischen Buch des Luis Vives „Über die christliche Frau" (De femina christiana II, 5, 1528), das sie nicht lesen konnte, aber sie kannte sinngemäß den Text, der lautete: „Sie wird alles glauben, was er sagt, auch wenn es unwahrscheinlich und unglaublich klingt; sie ist ein Spiegel des Ausdrucks in seinem Angesicht: wenn er lacht, lacht auch sie, ist er traurig, wird sie Trauer zeigen." Da schien es einer so klugen, so hochbegabten und lebensvollen, übrigens auch gut aussehenden Frau wie Teresa doch leichter, sich dem allerhöchsten, unbegrenzten, absolut gerechten und absolut barmherzigen Herrn anzupassen, der ihr in Jesus Christus so konkret entgegenkam (Vgl. C 48). Daß dann mehr daraus wurde als Flucht und Selbsterhaltung, gehört zu den schönsten Wundern der Liebe, die in dieser Welt geschahen.

Zur heiligen Teresa von Avila gibt es keine geschlossenen Bildzyklen wie zu Elisabeth von Thüringen oder Franz von Assisi. Aber immer wieder hat die große Frau die Phantasie der bildenden Künstler beflügelt, wozu auch ihre eigene eidetische Veranlagung beitrug, der sich die innere Erfahrung in unbewußt visionäre oder bewußt erläuternde Bilder umsetzte. Hinzu kommt die enge Verflochtenheit dieses Lebens mit der Geschichte der Zeit und den Verantwortlichen für diese Geschichte, denn niemand vermochte sich dem Charme und der auf das Unbedingte gerichteten Klugheit dieser großen Persönlichkeit zu entziehen. Die Schwierigkeit der vorliegenden Bildbiographie lag nur in der notwendigen Begrenzung eines schier unerschöpflichen Materials, aber es gehört nun einmal zu unserem Menschsein, daß wir nicht alles können, was möglich wäre, wie auch die heilige Teresa von Avila immer wieder erfuhr.

Hamburg, im März 1994 *Erika Lorenz*

Teresa von Avila aus heutiger Sicht

Was Teresa verschwieg

Kann man die Biographie eines Menschen schreiben, der selbst eine weltberühmte Autobiographie verfaßte? Wohl kaum, es sei denn – ja, ein solches „Es sei denn“ muß sich auch Teresas erster Herausgeber, der große Renaissancedichter und Theologe Fray Luis de León gesagt haben (Bild S. 101). Denn dieser Augustinermönch litt nicht an Überheblichkeit, aber er versuchte es dennoch. Versuchte die Biographie zu schreiben, bis ihm nach einigen Seiten der Tod die Feder aus der Hand nahm. Soll man nun sagen: „Gott sei Dank“? Denn diese Seiten wirken nur wie eine Nacherzählung. Oder soll man sagen: „wie schade“, denn das Leben der Teresa überstieg ja das von ihr selbst Berichtete um 19 allerwichtigste Jahre, in denen sich erst ihre eigentliche Reformerin- und Heiligenkarriere entfaltete? Doch so weit ist ja Luis de León, dieser selbstlose Verehrer der Teresa de Jesús, nicht mehr gekommen. Auch kannte er sie nicht einmal persönlich, schrieb er doch im Vorwort seiner Edition von 1588: „Ich habe die Mutter Teresa zu ihren Lebzeiten weder gesehen noch kennengelernt.“ Dennoch aber, so meinte Fray Luis, kenne er sie gut, nämlich sowohl durch ihr Wirken wie aus ihren Werken.

Zum Wirken sagte er: „So ist es wirklich etwas ganz Neues und Unerhörtes, daß eine schwache Frau den Mut zu so großen Unternehmungen aufbrachte. Und daß sie dabei so weise und geschickt vorging, daß sie die Herzen aller gewann, die ihr begegneten (Bild S. 75). So konnte sie diese Gott zuführen. Sie zog ganz einfach die Menschen hinter sich her, selbst gegen die Schwachheit der sich sträubenden Natur“. Und zu den Werken sagte dieser Gelehrte: „In der Bedeutung ihrer Gegenstände wie in dem Feingefühl und der Klarheit der Behandlung übertrifft sie viele berühmte Männer. Ja, ich frage mich, ob es in unserer Sprache Werke gibt, die es dem ihren gleichtun hinsichtlich der Sprachgebung, der Reinheit und Leichtigkeit ihres Stils, der Anmut ihrer wohlgesetzten Worte, der ungekünstelten Eleganz, die aufs höchste entzückt. Immer wenn ich in diesen Büchern lese, verwundere ich mich aufs Neue, und oft scheint es mir, als vernähme ich hier mehr als den Geist eines Menschen. Ich halte für sicher, daß an vielen Stellen der Heilige Geist aus ihr spricht, der ihr Hand und Feder führte. Das wird offenbar an dem Licht, mit dem sie Dunkles erhellt und durch das Feuer, das sie mit ihren Worten im Herzen des Lesers entzündet.“[1]

Gewiß also wußte Fray Luis, was er tat. Er wollte mehr behandeln als das von Teresa Erzählte, gab er seiner Biographie doch den Titel: „Vom Leben, Tod, den Tugenden und Wundern der heiligen Mutter Teresa de Jesús“. Ja, er schrieb tatsächlich schon SANTA MADRE TERESA, 26 Jahre vor ihrer Seligsprechung und 34 Jahre vor ihrer Kanonisierung, aber noch nicht einmal sieben Jahre nach ihrem Tod! Und sind die 20 Seiten, die Magister, d. h. Professor Luis de León nur zu schreiben vergönnt waren, wirklich so nichtssagend? Ich finde darin die Andeutung: „Wenn sie auch über sich selbst schrieb, was für ihre Beichtväter, die ihren Geist überprüfen sollten, von Bedeutung war, schrieb sie doch nicht alles. Und manches verbot ihr auch die Bescheidenheit zu sagen.“[2]

Nur die Bescheidenheit? Wir Heutigen wissen, daß Teresas Autobiographie keinesewegs so spontan und ungeschminkt ist, wie es ihr Stil vermuten läßt.[3] Wie wäre das auch möglich bei einem Lebensbericht, der, wie Teresa selbst erzählt, folgenden Ursprung hatte: „Es wird etwa dreizehn Jahre her sein, daß sie dem Bischof von Salamanca begegnete, der damals, wie ich meine, Inquisitor von Toledo war. Sie hatte ihn um ein Gespräch gebeten, um Sicherheit zu gewinnen, und sie legte ihm Rechenschaft ab von allem. Er sagte ihr, das habe nichts mit seinem Amt zu tun, denn alles, was sie da innerlich sah oder hörte, habe sie weiter in ihrem christlichen Glauben gestärkt, den sie schon immer fest und sicher bewies mitsamt ihrer großen Leidenschaft, für Gottes Ehre und das Heil der Seelen zu wirken, so daß sie schon für eine einzige immer wieder gern ihr Leben gegeben hätte. Und da der Inquisitor sah, wie erschöpft und müde sie (von all den Verdächtigungen) war, empfahl er ihr, doch an den Magister Ávila, der noch am Leben war (Bild S. 69), einen langen Bericht zu schreiben. Denn er sei ein sehr gebetserfahrener Mann, und seinem Urteil könne Sie wirklich vertrauen."[4]

Dieses Gespräch fand um die Jahreswende 1562/63 statt. Teresa hatte im Oktober 1560 die erste ihrer „Cuentas de conciencia" geschrieben, diese Berichte innerer Erfahrung für ihre Beichtväter (Bild S 63). Damit begann eigentlich schon die „Vida", die erste, verlorengegangene Fassung der Autobiographie, die sie Anfang 1562 in Toledo schrieb, als sie auf das Geheiß ihres Provinzials einige Monate im Hause einer schwerreichen Dame aus dem Hochadel weilte, Luisa de la Cerda, die sich nach dem Tod ihres Gatten Trost von Teresa erhoffte.

Die Beichtväter waren von den ersten Berichten und der ungewöhnlichen Fähigkeit der Autorin, Inneres so vollendet wie verständlich darzustellen, beeindruckt und empfahlen ihr, die ganze bisherige Lebensgeschichte aufzuschreiben und vorzulegen, was sie nach ihrer Rückkehr nach Avila im Juni 1562 auch tat. Die Reaktionen der Geistlichen schwankten zwischen Bewunderung und Schrecken, das „tremendum et fascinosum" des Heiligen zeigte sich. So wurde Teresa verunsichert, daher die Bitte an den Inquisitor. Sie überarbeitete danach das Ganze noch einmal, um es 1565 abzuschließen und Kontakt zum Magister Juan de Ávila aufzunehmen. Er war auch erfahren im Umgang mit der Inquisition, war doch sein bestes Buch, „Audi filia", das Teresa kannte und schätzte, auf den Index geraten, und hatte er selbst, der aus einer jüdischen Konvertitenfamilie stammte, Jahre im Gefängnis verbracht, um dann zwar glänzend gerechtfertigt, aber gesundheitlich angeschlagen ins geistliche Leben des „Apostels von Andalusien", wie man ihn nannte, zurückzukehren. Gar zu viel Unbekümmertheit in einem Lebensbericht wäre unklug gewesen, Teresa wußte es.

Was also bringt und was verschweigt diese „Vida", wie man das Buch im Spanischen nennt? Teresa beginnt nicht, wie man es von einem Beichtbericht erwarten sollte, mit der eigenen religiösen Entwicklung, sondern, wie in dem in ihrer Zeit aufkommenden und sich großer Beliebtheit erfreuenden „autobiographischen" Schelmenroman, die Einleitung gilt ihrem Elternhaus. Sie hatte, so heißt es, tugendhafte und gottesfürchtige Eltern.

Hier ist ernst gemeint, was im Schelmenroman schiere Ironie bedeutet, doch geht Teresa, im Gegensatz zu jenem, nicht weiter auf die elterlichen Namen und Vorfahren ein. Dafür hat sie gute Gründe. Auch Fray Luis nennt nur den Namen Cepeda aus der weiblichen Vorfahrenlinie, nicht aber Sánchez, was zwar der spanische „Meyer" ist, aber als Juan Sánchez der Name des Großvaters väterlicherseits. Warum all dieses Schweigen? Sehr einfach: Teresas Großvater war ein jüdischer Konvertit aus Toledo (Bild S. 33), ein reicher Tuchhändler, den die Inquisition gezwungen hatte, als Büßer durch die Straßen zu ziehen (Bild S. 35). Danach verließ er mit seiner Familie die Stadt und ließ sich in Avila nieder, wo er Verwandte hatte. Teresas Vater war damals erst fünf Jahre alt, christlich getauft wie alle Kinder des Juan Sánchez, der als „converso" in seine jüdische Religion zurückgefallen war. So wie auch viele andere Zwangskonvertiten, weshalb die Katholischen Könige Ferdinand und Isabella die ihren politischen Zielen dienende spanische Inquisition ab 1478 geschaffen hatten, nachdem viele Juden, zum Auswandern oder zur Konversion aufgefordert, die Scheinkonversion dem Verlassen der Heimat vorgezogen hatten.

Die Familie Sánchez de Cepeda gab sich alle Mühe, daß man in Avila aufhörte (Bild S. 36), sie „los Toledanos" zu nennen. Der Tuchhandel war aufgegeben, ein Adelsbrief gekauft, und man bemühte sich, wie christliche Hidalgos von „Renten“ zu leben. Doch mußte Teresas Vater Alonso noch einen harten Prozeß führen, um den vom Vater erworbenen Adelsbrief zu behalten. Bei der Beweisaufnahme war es gut, daß er während seiner kurzen ersten Ehe auch Kriegsdienst für die Katholischen Könige von Kastilien und León geleistet hatte und mit Pferd und Maultier – letzteres zum Waffentragen – in die erfolgreiche Schlacht gezogen war.

Solche die christliche Herkunft bezeugenden Urkunden bedeuteten eine wichtige Schutzmaßnahme, denn die „conversos“ oder „Neuchristen“ waren immer wieder Verfolgungen ausgesetzt und hatten nicht die gleichen bürgerlichen und steuerlichen Rechte wie der niedere Adel der Hidalgos, der „Altchristen“. Teresa war zu Beginn dieses langen Prozesses vier Jahre alt.[5]

Sie sagt in der „Vida“ auch nichts von ihrem Geburtshaus, der ehemaligen Münze am Rande des einstigen Judenviertels, die als baufällig schon im nächsten Jahrhundert abgerissen wurde (Bild S. 43). Teresa geht gleich zu den Eigenschaften der Eltern und Geschwister über („wir waren drei Schwestern und neun Brüder“), wobei sie freilich nicht erwähnt, daß die beiden ältesten – María und Juan – von der ersten Frau des Vaters stammten, die 1507 der Pest erlag.

Teresas Mutter, eine entfernte Cousine der ersten Frau des Don Alonso, entstammte wirklich einer altchristlichen Familie. Sie kam aus Olmedo bei der Königsstadt Valladolid, doch besaß ihr Vater Ländereien in Gotarrendura, vier Meilen nördlich der Stadt Avila. Doña Beatriz de Ahumada brachte davon einen großen Teil in die Ehe, dazu einen Taubenschlag und zahllose Schafe. Die Familie hielt sich vor allem im Winter im Landhaus von Gotarrendura auf, gewiß war es freundlicher als die Münze mit ihren zahlreichen fensterlosen Zimmern. Die Kinder erhielten dann ihren elterlichen „Schulunterricht“.

Teresa erwähnt das Landhaus in der „Vida“ nicht, spricht nur später in einem Brief von seinem Verkauf (Cta 2,14). Es geht ihr ja darum, den Beichtvätern und in der Endfassung dem Magister Juan de Ávila das Christliche und Ehrenhafte der Familie darzulegen, nicht aber alle Aspekte des Lebenszuschnitts. So betont sie beim Vater die Bildung, die in einer wertvollen Bibliothek ihren Ausdruck fand, sein Mitleid mit den Armen und seine schon modern anmutende Abneigung gegen das durchaus noch zeitübliche Halten maurischer Sklaven in begüterten Adelsfamilien. Er war nobel in seinem Betragen, fluchte nicht, vermied üble Nachrede.

Als Kontrast wird von der Mutter berichtet, daß sie sich, trotz Schönheit und Jugend von vielen Krankheiten geplagt, höchst unvorteilhaft wie eine Alte kleidete und – zum Ausgleich – heimlich mit der Tochter Ritterromane las, was der Vater nicht wissen durfte. Beide Frauen waren der Lektüre dieser „Krimis“ des 15. und 16. Jahrhunderts sehr ergeben, und der Vater hatte mit seinem Unwillen Recht, denn einerseits entfremdete das hohe Pathos dieser Gattung von der Lebenswirklichkeit, und andererseits kam auf dem Gebiet „Liebe“ die Moral zu kurz. Das Heroische wurde also mit „sex and crime“ gewürzt, aber die Zeit war nicht mehr fern, da Cervantes der Gattung ein unterhaltsames und tiefsinniges Ende bereiten würde.

Die beiden Frauen genossen mit dieser Lektüre aber auch das bei damaligen Spanierinnen seltene Privileg, lesen und schreiben zu können. Nur 3% vermochten es, Teresa jedoch nahm es ganz selbstverständlich. Der Vater, dem sie sich eng verbunden wußte („wir waren ein Sein“ V 7, 14), war unauffällig um die Bildung seiner Kinder bemüht, wie es sich für einen anständigen Juden gebührte. Doch auch bei den so gebildeten und privilegierten Frauen spielte sich das Leben auf dem Fußboden ab. Man saß mit gekreuzten Beinen auf Teppichen und Kissen, der Stuhl war dem Hausherrn vorbehalten.[6] Spanien war durch die 700jährige Assimilierung der „Mauren“ doch auch orientalisiert, was die Stellung der Frau nicht eben verbesserte.

Leider starb Ende 1528, nach der Geburt der jüngsten Tochter Juana, die erst 33jährige Mutter im Landhaus Gotarrendura. Teresa, die am 28. März 1515 in Avila das Licht der Welt erblickt hatte, war bei diesem herben

Verlust nahezu 14, in ihrer eigenen Erinnerung aber noch nicht ganz 12 Jahre alt. Sie kam sich gewiß sehr klein und verlassen vor, und sie berichtet, wie sie nun die Muttergottes anflehte, sich ihrer anzunehmen (Bild S. 47). Ein erster Schritt, so läßt sich rückblickend sagen, in Richtung auf den der Muttergottes geweihten Karmelitenorden, auch wenn der alttestamentarische Prophet Elija als sein legendärer Gründer gilt. Das hängt mit den Verhältnissen im palästinensischen Karmelgebirge zusammen, von dem der Orden als um eine Marienkapelle gruppierte Eremitensiedlung seinen Ausgang nahm.

Natürlich erwähnt Teresa die kindlichen Anfänge ihrer Frömmigkeit – kurz nur, aber aufschlußreich. Die Hagiographie hat später mehr daraus gemacht. So aus der bewegenden Geschichte von der Flucht mit dem Lieblingsbruder Rodrigo, um im Maurenland den Märtyrertod zu erleiden (Bild S. 45). Man fing, so berichten die Biographen, die Kinder vor den Mauern Avilas wieder ein. Teresa hingegen spricht in ihrer Biographie hintersinnig nur vom Gedankenspiel mit einem solchen, der Eltern wegen unmöglichen Abenteuer. Ihr ist der Ernst wie der Unernst ihrer christlichen Anfänge bewußt. Der Ernst beim Erschrecken vor dem Wort „ewig", der Unernst beim Eremiten- und Nonnenspielen, bei den an Heiligenleben orientierten heroischen Wünschen. Ihr ist klar, daß es dabei für sie nicht um Gottesliebe ging, sondern um einen Handel, den sie im Grunde „preisgünstig" fand: Die Heiligen gaben das bißchen an zeitlichen Werten, um dafür Gottes ewige Herrlichkeit zu gewinnen! (V 1, 5).

Im Grunde war ihre Einstellung auch beim wirklichen Klostereintritt 1535 kaum eine andere. Sie bewegte, wie sie selbst schrieb, eine „elende Furcht", die erst viel später, als sie das kontemplative Beten erlernt hatte und pflegte, allmählich einer wachsenden Gottes- und Christusliebe wich. Aber als sie gegen den Willen des Vaters sein Haus verließ, um künftig als Nonne des Karmelordens im großen, schönen Menschwerdungskloster (Santa María de la Encarnación) vor den Mauern Avilas zu leben (Bild S. 49), fand sie das besser als eine Heirat. Das Beispiel der jung dahinsiechenden und jedes Jahr ein Kind gebärenden Mutter mag Einfluß gehabt haben, Teresa spricht nicht davon, und sie fühlte sich zudem verlassen, seit ihre Brüder, und insbesondere der geliebte Rodrigo, begannen, nach Südamerika auszuwandern, teils um zu kämpfen, teils um aufzubauen. Der Einsatz in den als spanische Provinzen betrachteten Ländern der „Ungläubigen" war nur „Altchristen" erlaubt, hob also das Ansehen der Familie. Leider kam Rodrigo dabei ums Leben – in Teresas Augen ein Märtyrerschicksal. Der wenige Jahre später ausgewanderte Lorenzo war bald die rechte Hand des Vizekönigs von Perú. Er erhielt hohe Ämter mit Land und Bürgerrecht in Quito (Ecuador).

Im Menschwerdungskloster findet Teresa die Muttergottes und eine „sehr liebe Freundin", Juana Suárez, die schon zu den älteren Schwestern gehört. Und schließlich ist da wieder der praktische Geschäftssinn ihrer väterlichen Familie, den sie ins Religiöse überträgt: Die „elende Furcht", in der „Welt" möglicherweise auf dem Wege zur Hölle zu sein, wird durch die Weltferne des Ordensstandes bekämpft, zumal Teresa, immer noch ergriffen vom Gedanken der Ewigkeit, die Eitelkeit und Nichtigkeit des Irdischen erkennt, in dem alles so schnell ein Ende nimmt. Eigentlich zwar, so gesteht sie, hatte sie gar keine Lust, Nonne zu werden. Aber sie erkannte, daß es, objektiv gesehen, das Beste und Sicherste wäre (Vgl. V 3, 5).

Zu dem Entschluß hatten sie zwei wichtige Erfahrungen motiviert: Nach dem Tode der Mutter gab der Vater, der die Tochter in muntere Oberflächlichkeiten abgleiten und Gefahr im leichtfertigen Umgang mit jungen Verwandten sah, sie zur weiteren Erziehung in das Kloster der Augustinerinnen „Santa María de la Gracia". Teresa konnte ja nicht von sich selbst berichten, wie schön, charmant und attraktiv ihre Mitmenschen sie fanden (Bild S. 39). Sie spricht nur von ihrer extremen Eitelkeit in Kleidung, Schmuck, Frisur, Parfümierung. Davon blieb später das erfreuliche Streben nach perfekter Reinlichkeit in ihren Klöstern und bei den „Töchtern".

Der Aufenthalt im Augustinerinnen-Pensionat war wichtig für den Entschluß gewesen. Dort machte eine kluge, geistvolle und von echter Gottesliebe erfüllte Schwester (María de Briceño y Contreras) tiefen Eindruck auf die 16jährige Teresa. Vage und unentschlossen zwar, aber immerhin begann sie an ein späteres eigenes Klosterleben zu denken – dort, wo Freundin Juana weilte, nämlich im karmelitischen Menschwerdungskloster zu Avila.

Der ihr immer lieber werdende Aufenthalt bei den Augustinerinnen endete plötzlich durch eine Erkrankung, Teresa mußte zum besorgten Vater zurück. Das Heilungsbemühen ging mit Reisen einher, so kam sie auch zu ihrem Onkel Pedro de Cepeda, wie der Vater hochgebildeten jüdischen Geistes im ernsten Bemühen um eine christliche Gesinnung. Der verwitwete Onkel wollte bei den Dominikanern eintreten, die ihn jedoch abwiesen. So ging er später zu den Hieronymiten, denn der Hieronymusorden nahm „conversos“ auf, eine Ausnahme in dieser Zeit. Teresa erwähnte es nicht, sie mußte ja sowohl im Menschwerdungskloster wie vor der Inquisition ihre Herkunft verbergen.

Als sie Onkel Pedro besuchte, gab dieser ihr zahlreiche gute Bücher zur Lektüre, denn sie war von der Kindheit bis ans Lebensende eine leidenschaftliche Leserin. Es sind lauter Bücher asketischen Inhalts. Sie handelten, schrieb Teresa, „von Gott und der Eitelkeit der Welt“ – nicht nach ihrem Geschmack, wie sie zugab, aber so beeindruckend, daß sie sich ihrer Wirkung nicht entziehen konnte.

Was hier in Teresa vorging, kann durch einen Blick in das Buch des Américo Castro, eines großen spanischen Geisteswissenschaftlers um unsere Jahrhundertmitte, besser verstanden werden. Castro hatte schon die Vermutung von der jüdischen Herkunft Teresas ausgesprochen, ehe man 1946 die enthüllenden Prozeßakten auffand. Er sah nämlich gewisse Grundzüge bei ihr und ihren väterlichen Verwandten, die ihm aus seinen Forschungen über die Juden in Spanien geläufig waren: Das Durchdrungensein von der Eitelkeit der Welt und der Vergänglichkeit des Lebens, dagegen die hohe Bewertung der Person und ihrer Innerlichkeit, Vorläufer für das im 17. Jahrhundert dann bestimmend werdende Motiv des „desengaño“, Täuschung und notwendige „Enttäuschung“, wie sie Calderón endgültig in „Das Leben ein Traum“ gestaltete. Teresa war hier eine Vorläuferin, das Wort vom Leben als Traum findet sich mehrfach in ihrem Werk.

Castro schreibt: „Es waren die Konvertiten, welche die trostlose Askese der Bibel und des Mittelalters säkularisierten und dem späteren Spanien jenes Gefühl einpflanzten, daß die Welt nichts als Täuschung und Chaos sei.“ [7] Beim „converso“ Juan de Mena (15. Jahrhundert) z. B. heißt es: „Ein Blinder nach dem anderen, ein Narr nach dem anderen, so machen wir uns auf die Suche nach dem Glück; je mehr wir haben, desto weniger haben wir, einem Traum vergleichbar und einem Schatten des Mondes.“ [8] Im Schelmenroman des Juden Mateo Alemán (16. Jahrhundert) wird vom Protagonisten gesagt: „Der Sohn des Niemand, der sich aus dem Staub der Erde erhob, ein zerbrechliches Gefäß, durchlöchert, gebrochen.- Ich verwandle den Duft der Veilchen in Gift, ich beflecke den Schnee, und mit meinem Denken mißhandle und zertrete ich die frische Rose.“ [9]

Der Sohn des „Niemand“, das ist das Gegenteil vom Sohn des „Jemand“, des Hidalgo. „Aus Gründen der Selbstverteidigung“, bestätigt Castro, „gaben sich viele Bekehrte als Hidalgos aus. Der spanische Konvertit des 15. und 16. Jahrhunderts schlug derart düstere Töne an, weil ihn die Umstände zum Pessimisten gemacht hatten, und weil sie ihn zwangen, auf die tiefsten Wurzeln seines Wesens zurückzugreifen. Daß sich der Jude in dieser Weise ausdrückte, ist nicht erstaunlich, doch überrascht es, daß sich das spanische Christentum mehr und mehr in Dunkel hüllte, bis es zu einer Leugnung der Welt kam, die dem vollständigen Nihilismus nicht mehr fern stand, und die wir in Frankreich oder Italien vergeblich suchen.“ [10]

Man kann sowohl am Leben und Werk der Teresa wie auch des wohl gleich oder noch mehr belasteten Johannes vom Kreuz ablesen, wie sich die asketisch-pessimistische Weltfluchthaltung allmählich durch das kontemplative Gebet in Liebe zu Gott und seiner Schöpfung verwandelt.

Und hier läßt sich, so scheint mir, das zweite große Verschweigen der Teresa aufschlüsseln. Immer klagte sie in ihrer „Vida" über große Sünden und Gottesferne, bis zu ihrem 40. Lebensjahr, da es vor der wundenbedeckten Christusstatue in ihrem Oratorium (Bild S. 51) zu dem Durchbruch kam, den sie mit Recht und in Anlehnung an Augustinus als „Bekehrung" bezeichnete. Die Konversion der „conversa"! Das ständig betonte Sündenbewußtsein ist nicht einfach „Demut" oder Vorsicht gegenüber den inquisitorischen Prüfern. Auch nicht nur heiligenmäßiger Perfektionsdrang. Der heutige Mensch kommt angesichts so intensiver Sündenklagen, in denen auch das Wort Todsünde, zwischen Bejahung und Verneinung schwebend, wiederholt auftaucht, sehr leicht zu modernen und pikanten Vermutungen. Selbst Teresas Beichtvätern fiel schon auf, wie sie ständig von ihren schweren Sünden sprach, ohne doch eine einzige klar zu nennen – denn ihre Freude am Geplauder mit Besuch im Elternhaus und später im Kloster wollte auch bei den von Teresa so geschätzten geistlichen „Gelehrten" als Begründung nicht recht verfangen.

Liest man aber ihre sich über mehr als 200 Seiten erstreckenden Klagen mit den Augen eines um ihre Conversa-Problematik Wissenden, so bekommt alles ein anderes Gesicht, auch das verdächtige Schweigen. Ein in diesem Falle nicht gewolltes, sondern unbewußtes Schweigen, denn Teresa kann nicht wissen, daß in ihrer tiefsten Seele zwei große spanische Traditionen miteinander im Widerstreit liegen: die christliche und die düstere der randständigen konvertierten Juden. Wie letztere kultiviert sie die Innerlichkeit und setzt damit in ihrer Zeit neue Akzente, wie den Juden aber auch ist ihr Welt und Leib und Leben im Bemühen um das Gut- und Richtigsein anfangs eine schier unüberwindliche Hürde. „Vivo sin vivir en mí, y tan alta vida espero, que muero porque no muero" („Ich lebe, doch nicht in mir, und ich erhoffe mir eine solche Herrlichkeit ewigen Lebens, daß ich sterbe, weil ich nicht sterbe"), dichtet sie denn auch im Rahmen zeitgenössischer Tradition. Johannes vom Kreuz wird die Verse noch einmal vertiefend aufgreifen. Teresas „Sünde", in ihren Augen vielleicht sogar Todsünde, ist die Sonderung von Gott, wie sie jedem Menschen natürlich ist, solange er nicht in der „Unio mystica" lebt. Anders ausgedrückt: Sie hat ein ständiges Bewußtsein von der „Erbsündlichkeit" des Menschen, das sich ihrem Bewußtsein in eine ganz persönliche Schuld verwandelt. Und sie setzt zunächst nach gut jüdischer Tradition nicht auf die Erlösung durch Gottes Erbarmen in Jesus Christus, sondern auf ihr eigenes Bemühen, das nun freilich auf der Strecke bleiben muß, zumal im Menschwerdungskloster, das keine Klausur kennt und dem immer noch die Spuren des einstigen „Beateriums" anhängen. Es hat noch viel von einem Stift für fromme Damen, gibt es doch über die fehlende Klausur hinaus Standesunterschiede in Wohnung, Kleidung und Lebensstil. Einige verfügen sogar noch über Dienerschaft. Im ganzen aber ist das viel zu große Kloster mit seinen 180 Nonnen durch Geldmangel auf Besuche und Verkehr mit den Reichen und Mächtigen dieser Erde angewiesen, und Doña Teresa de Ahumada, wie sie sich nannte, mit ihrer Beliebtheit bei Adel und Hochadel, gilt als nützliches Mitglied.

Das ist, zusammen mit der Ahnung vom noch unklaren Auftrag, Kern der beklagten und nie recht genannten „Sünden", die erst überwunden wurden, als Teresa nach Durchbruch und „Bekehrung" zu einer Haltung fand, in der sie, wie sie sagte, „nicht mehr auf sich selbst, sondern einzig auf Gott vertraute" (V 9, 3).

Der Wandel ist so groß, daß ihre Autobiographie, nach einem Exkurs von mehr als hundert Seiten über das kontemplative Gebet, bei der Rückkehr zum Lebensbericht hervorhebt: „Was ich nun schreiben will, ist ein neues Buch, das heißt, ein neues, ein anderes Leben" (V 23, 1). Denn, so fügt sie hinzu, endlich ist sie mit Gottes Hilfe ihrer „schlechten Gewohnheiten" ledig geworden. Und vier Kapitel später heißt es: „Ich sah mich ganz verändert und konnte nichts anderes tun, als mich der Führung Gottes zu überlassen, damit sein Wille mir gänzlich geschehe. Ich sah sehr wohl, daß es der Weg zum Himmel war, während ich zuvor den Weg zur Hölle beschritten hatte“ (V 27, 1).

Aber dieser Himmelsweg erweist sich als keineswegs einfach und für die Mitwelt zunächst nicht überzeugend. Teresa läuft bald wieder von Beichtvater zu Beichtvater, und Ängste und Bedenken sind allerseits groß – denn das „neue Leben“ der Hingabe an Gott besteht in ständigen Heimsuchungen durch Visionen, innere Ansprachen und andere mystische Phänomene. Damit aber kam die arme Heilige vom Regen in die Traufe. Denn verfolgt wie Juden, Mauren, Protestanten waren auch die „Alumbrados“, die man andernorts Illuminaten und Quietisten nannte, eine Bewegung der Innerlichkeit zwischen christlicher Reform, Weltflucht und Häresie. Die Alumbrados, hauptsächlich fromme Frauen, erregten Aufsehen durch kontemplativ bedingte oder auch vorgetäuschte „Gnaden“, die eine Nähe zu Gott signalisieren sollten, die keineswegs dem sonstigen Lebensstil und menschlichen Niveau der Betroffenen zu entsprechen schienen.

Nun begannen für Teresa Jahre der Qual, Gott oder der Teufel, das war hier die Frage. Doch halfen ihr immer wieder große Heilige wie Pedro de Alcántara (Bild S. 65), und Francisco Borja, die Teresas Erfahrungen als von Gott kommend erkannten, aber auch Patres des jungen Jesuitenordens, die sich in Avila niedergelassen hatten. Vor allem jedoch findet sie auf dem neuen visionären Weg zu einem echten Kontakt zu Jesus Christus, der sich ihr gleichsam allmählich enthüllt. In ihrer ersten Vision sieht sie seine Hände, in einer zweiten sein Antlitz, in einer dritten den ganzen auferstandenen Gottmenschen. Daraus schöpft sie Kraft und Sicherheit. Im inneren Gebet wird ihr Christus zum „Freunde, von dem wir wissen, daß er uns liebt“, und mit dem man sich „einfach über alles unterhalten kann“, solange man nicht vom schweigenden Verweilen in seiner Gegenwart ganz erfüllt ist (V 8, 5; 37, 6). Auch hilft ihr die Erfahrung der „Transverberation“, der Herzdurchbohrung, die sie schon im Hause der Luisa de la Cerda gemacht hatte (Bild S. 59), und aus der sie immer wieder Mut schöpft, zumal sie sich in Abwandlungen mehrfach wiederholt, so daß auch eine schreckliche Höllenvision alten Stils sie nicht mutlos werden läßt. In ihr reift der Entschluß zur Reform ihres Ordens, dessen Satzungen seit dem Wegzug aus dem Karmelgebirge mehrfach verändert und gemildert wurden. Natürlich traf sie dabei in ihren Reihen sowohl auf Begeisterung wie auf erbitterte Widerstände. Man wußte ja zudem, wie sie im Kloster bald durch eine schwere dreijährige Krankheit zu beweisen schien, daß mit ihrer Seele nicht alles zum Besten stand. Und Teresa selbst unterstützte in ihrer Demut und Frömmigkeit diese psychosomatische Interpretation. Denkt nicht auch heute noch mancher angesichts des Bernini-Kunstwerks, so schön es auch sein mag, an Hysterie?

Was Teresa konnte und wollte

Zunächst war nur klar, was sie nicht wollte: Keine Ehe, kein Versinken im Vergänglich-Weltlichen, keine Vergeudung des kurzen gottgeschenkten Lebens. Und was sie nicht konnte: ein selbstbestimmtes Leben in Kraft und Gesundheit. Denn drei Jahre nach ihrem Klostereintritt erkrankte sie so schwer, daß sie lebenslänglich gezeichnet blieb. Sie mußte nun lernen, ganz auf Gott zu setzen. Das Bild der sich verpuppenden Seidenspinnerraupe, aus deren totaler Ausgeliefertheit der schwebende (= gottfähige) Falter ersteht, durchzieht aus tiefer eigener Erfahrung die wesentlichen „Wohnungen der inneren Burg“, des großen Reifewerks der Heiligen.

Die 1538 einsetzende Krankheit gab der Mit- und Nachwelt Rätsel auf. Doch beschrieb die Schriftstellerin Teresa ihre körperlichen Symptome so genau wie ihre Gebetserfahrungen, so daß zu schnelle Diagnosen wie Tuberkulose, Epilepsie, Malaria, Parkinson sich bei genauem Hinsehen nicht halten ließen. Blieb der Wissenschaft also immer noch die Flucht in die schwer zu widerlegende Diskriminierung „Hysterie“, auch wenn im Gegenzug immer wieder Stimmen laut wurden, die da sagten, eine so handfeste und vernünftige Person leide nicht an Pseudokrankheiten. Und auch der nach dem Stande der Epoche unerkannte Gebärmutterkrebs, an dem Teresa schließlich starb, hätte sie nicht 69 werden lassen, wäre er schon in der 23jährigen wirksam gewesen.

Nach all den Rätseleien kam 1982 ein spanischer Mediziner, Professor Dr. A. Senra Varela, auf die rechte Spur. Er betrachtete die vier Phasen der Erkrankung: In der ersten 1538 fühlte Teresa sich immer elender, sie klagte über Herzbeschwerden und Ohnmachten, so daß der inzwischen mit dem Klostereintritt ausgesöhnte Vater sie im Herbst nach Hause holte. In seiner Sorge brachte er sie dann zu einer berühmten „Heilerin“ nach Becedas an der südwestlichen Grenze der Provinz Avila. Die „curandera“ purgierte sie bis April 1539 mit Kräutertees. Teresa berichtete von ihrer außerordentlichen Schwächung durch diese Behandlung, und als Folge der reduzierten Abwehrkräfte setzte nun die zweite Krankheitsphase ein: ständiges Fieber, Übelkeit und Erbrechen, Schluckbeschwerden, die nur noch flüssige Nahrungsaufnahme zuließen, und das schmerzhafte „Sicheinziehen“ der Nerven, wie die Heilige es nannte.

Der von der „Heilerin“ enttäuschte Vater transportierte die Tochter wieder nach Avila und übergab sie dort den Ärzten, denen er zuvor nicht getraut hatte.

Hier beginnt aber am 15. August die dritte und schlimmste Phase. Teresa ahnt es und bittet, einen Geistlichen zu holen, doch man will sie ermutigen, indem man die Bitte abschlägt. Noch in der gleichen Nacht stellen sich Krämpfe ein, die einzigen ihres Lebens, bis sie in ein tiefes Koma fällt, das vier Tage andauert. So tief, daß sie nicht spürt, wie man der vermeintlich Toten Wachs auf die Augenlider träufelt, oder daß ihr Totenwache haltender Bruder einschläft und ihr Bett an der Kerze Feuer fängt. Ein klares Indiz, daß es sich um keinen hysterischen Zustand handelte. Man gibt der Bewußtlosen die letzte Ölung – sie erzählte später leicht belustigt, wie man an ihrem Lager vor ihren tauben Ohren ständig das „Credo“ wiederholte. Aber ihr Vater gab die Hoffnung nicht auf, obwohl man im Menschwerdungskloster schon ihr Grab geschaufelt hatte. Er meinte immer noch einen leichten Puls zu spüren, den andere nicht wahrnahmen. Und tatsächlich kam Teresa am vierten Tag wieder zu sich und versuchte erschrocken nach dem Wachs auf ihren Augen zu greifen.

Ihr Zustand war beklagenswert: Sie lag „zusammengerollt wie ein Garnknäuel“, das Schlucken fiel ihr schwer, die Glieder waren weitgehend gelähmt, an der rechten Hand ließ sich nur ein einziger Finger bewegen. Alles das ging einher mit unerträglichen Nervenschmerzen. Diese schreckliche vierte Phase der Krankheit dauerte bis Ostern 1540, also etwa acht Monate. Die Folgen hatte sie dann ein Leben lang zu tragen: chronische Kopfschmerzen, Herzschmerzen, Erbrechen, plötzliche Fieberschübe, unvorhersehbare Bewegungsbehinderungen und Zittern wie bei der Parkinsonkrankheit, so daß Teresa im Alter öfter ihre Briefe diktieren mußte, weil die rechte Hand ihr nicht gehorchte[11], während ihr Geist so klar und lebendig war wie eh und je.

Der spanische Pathologieprofessor hält nun alle diese Symptome wie auch die bleibenden Nachwirkungen zusammen und kommt zu dem Ergebnis: Es handelte sich ganz klar um eine körperliche Erkrankung, und zwar um eine „Brucellosis“, die man bei uns auch Maltafieber nennt, obwohl sie auf der ganzen Welt vorkommt. In Avila kann man sie sich noch heute durch das Trinken von Ziegenmilch zuziehen, die es auch im Menschwerdungskloster gab. Sie geht in schweren Fällen mit einer Herzbeutel- oder Herzinnenhautentzündung einher, die auch für die Schluckbeschwerden verantwortlich war. Man kann noch die Narben an Teresas aus Reliquiensucht konserviertem Herzen sehen, die dann wieder zu allerlei Spekulationen über die Herzdurchbohrungs-Vision Anlaß gaben (Bild S. 59). Medizinisch lag die Ursache der Verschlimmerung in der schwächenden „Purgierung“ durch die Kräutertees der „Heilerin“. Mangelnde Abwehrkräfte steigerte die Brucellosis zu einer Hirnhautentzündung mit Bewußtlosigkeit, also zur „Neurobrucellosis“ mit einer die Lähmungen hervorrufenden Polyneuritis. Alles dieses hinterläßt bleibende Folgen, aber ohne geistige Beeinträchtigung, wie sie z.B. die parkinsonsche Krankheit mit sich brächte.[12] Teresa betont in ihrem Lebensbericht immer wieder, wie sie trotz aller dieser Leiden die innere Freude und Heiterkeit behielt, die ihr seit dem Eintritt in das Menschwerdungskloster ihren Entschluß bestätigten. Daß sie allerdings im Fortschreiten der Krankheit auch hin und wieder eine „tiefe Traurigkeit“ empfand, ist verständlich. Auf das Ganze bezogen verweist der spanische Mediziner auf den heiligmäßigen Heroismus, den das Leben mit den nicht zu bessernden Krankheitsfolgen für die Patientin bedeutete.

In der ersten Phase, auf der Reise zur „Heilerin“, hatte Teresa eine wichtige geistige Begegnung. Wieder war es ein Buch, das ihr weiteres Leben – gesund oder krank – entscheidend lenkte, wieder hatte der Onkel Pedro mit seiner typischen „Converso“-Mentalität es ihr gegeben, als man auf dem Wege nach Becedas bei ihm Station machte. Es war der berühmte, immer wieder aufgelegte oder nachgedruckte kontemplative „Bestseller“ des Francisco de Osuna, das „Dritte geistliche Abecedarium“ von 1527. Teresa erklärte das Buch zu ihrem menschlichen „Meister“, der ihr bisher gefehlt hatte (V 4, 6).

Osuna, so nach dem Ort seiner Herkunft genannt, denn seinen ursprübglichen Namen verschwieg der demütige Franziskaner, führt damit in jene Form der wort- und gedankenfreien Kontemplation ein, in jenes Schweigen, wie es der kontemplativ-mystische Weg zur Gotteinung erfordert. Man hatte über diesen Weg in der Christenheit viel spekuliert, doch fehlten die praktischen Anweisungen außerhalb der klösterlich-mündlichen Tradition, die etwas Esoterisches an sich hatte und sich auch leicht verlor oder verfälschte. Der Franziskaner Osuna, seinerseits der Frömmigkeitsbewegung der „Devotio moderna“ verpflichtet, die sich seit dem 14. Jahrhundert vom flämischen Raum her ausbreitete, möchte dieses kontemplative Beten jetzt als Kunst und Methode zur persönlichen Erfahrung allgemein zugänglich machen. Die anbrechende neue Zeit der Renaissance bemüht sich um das Individuum und seine Erfahrung. Der Wahrheit suchende Mensch schließt nicht mehr vom Allgemeinen auf das Besondere, was immer Abstraktionen mit sich brachte, sondern vom Besonderen auf das Allgemeine. Das erfordert Konkretionen und Berücksichtigung der vitalen Bedürfnisse des Einzelnen. Teresa ist so sehr ein Mensch der neuen Zeit, daß das Wort „Glaube“ bei ihr nur selten und blaß erscheint, während das Wort „Erfahrung“ (experiencia) kaum noch zu zählen ist. Erfahrung wird zum Wahrheitsgaranten.

Diese Haltung kommt auch dem geistigen Erbe ihrer Väter entgegen. Gerade Conversos interessieren sich in der Verfolgungssituation und dank ihres hochentwickelten individuellen und gesellschaftlichen Bewußtseins für die ewigen Werte der Innerlichkeit. So daß Devotio moderna, Alumbrados und christlich-spanische Mystik eng miteinander verflochten sind. Dazu gehört auch der „Erasmismus“, das heißt, der einzigartige Erfolg, der den Gedanken des Erasmus von Rotterdam (1466-1536) in Spanien beschieden war. Gern hätte man ihn an die Universität von Alcalá geholt, aber er kam nicht. Sein Erfolg beruhte auf der Betonung des persönlich und mit einer affektiven Frömmigkeit gelebten Evangeliums, der subjektiven Erfahrung anstelle von Riten und Zeremonien – auch Teresa gesteht, mit dem Chorgesang und Stundengebet wisse sie nicht recht Bescheid (V 31, 23) – , auf Kritik an Überheblichkeiten, Mißbräuchen und Veräußerlichung der Kirche, seinem Lob eines bescheidenen und arbeitsamen (!) Lebens, und schließlich seinem christlichen Humanismus, der in toleranter Liberalität klassische und christliche Autoren miteinander harmonisieren wollte, ebenso wie die schöne Literatur die religiöse Bildung vollenden sollte.

Das Buch des Osuna ist zwar nicht im engen Sinne „erasmistisch“, gehört aber zu den frei-reformerischen Tendenzen dieser aufbrechenden spanischen Renaissance, die mit vielen Tabus brechen möchte, welche den wertbewußten Menschen an der freien Entwicklung seiner Innerlichkeit hindern. Daher auch Osunas „demokratisches“ Motto: „Kontemplation für alle!“, auch für Laien, selbst für Frauen!

Teresa bekommt das Buch gerade im rechten Augenblick in die Hände, denn in den drei ersten Jahren ihres Klosterlebens hatte ihr niemand sagen können, wie man zum kontemplativen Gebet gelangte: zu einem Gebet, das über das „Nachdenken mit dem Verstande“, wie Teresa die traditionelle Meditation bezeichnete (M 7, 10), hinausging. Zumal diese Tradition seit dem 16. Jahrhundert mit den methodischen Schriften des Abtes Cisneros vom Montserrat in gar zu fest geschnürten spanischen Stiefeln steckte. Die lebensvolle Teresa konnte nicht beten, wenn sie montags nur dieses denken durfte und dienstags nur jenes. So wurde ihr das „Abecedarium“ des Osuna in allem Krankheitselend zu einer beglückenden Offenbarung, etwa 300 Unterstreichungen und Anmerkungen im uns erhaltenen Exemplar der Heiligen bezeugen es.[13] In diesem Buch geht es um das, was Teresa suchte: um das hingegebene „Nichtdenken“, wie man damals sagte, „no pensar nada“, das aber, wie sich Osuna beeilt hervorzuheben, nicht dem Aufhören der Denkvorgänge wie bei Schlafenden oder Ohnmächtigen gleicht. Es ist vielmehr „ein Allesdenken, weil wir so ohne Gedankenablauf an den denken, der alles ist in seiner wundersamen Herrlichkeit“.[14] Also ein inneres Schweigen in der Erfahrung der Gegenwart Gottes, die alle unsere Fähigkeiten übersteigt, um sie zu erheben und qualitativ zu verbessern. Vor allem die Fähigkeit der Liebe, die nun statt des meditativen Nachsinnens die Brücke zwischen Gott und Mensch schlägt.

Das Werk hilft Teresa, die Schmerzen der Krankheit besser zu ertragen und sich immer weniger auf die eigenen begrenzten Kräfte, als vielmehr auf Gott und seine unbegrenzten Möglichkeiten zu verlassen. Zum sich festigenden Vertrauen gehört die wachsende Liebe, aus der Liebe ergibt sich im inneren Fortschreiten für Teresa die Frage, was sie für ihren Gott und Herrn, für den sie lebt, denn tun könne. So wird sie bereitet für ihren Lebensauftrag: durch Gebet und Stellvertretung das Reich Gottes in diese „elende Welt“ zu tragen und sie grundlegend zu verändern. In eine „Welt in Flammen“, wie sie später sagt, als sie von den Religionskriegen hört (C 1, 5, wörtl. „mundo ardiendo“).

Dieser Auftrag war schon innerlich vorbereitet durch ein Gespräch, das sie im Menschwerdungskloster mit den Schwestern führte, wobei eine von ihnen meinte, man solle neue, strengere und somit effektivere Klöster gründen nach dem Vorbild der Clarissinnen. Was hier Theorie war, wurde bei Teresa Praxis durch ihre berühmte Erschütterung vor einer hölzernen Christusstatue, einem traurig-rührenden Ecce homo, den man für ein kommendes Fest ausgeliehen und zur Aufbewahrung in ihr privates Oratorium gestellt hatte (Bild S. 51). Das innere Erleben bedeutete das „Tüpfelchen auf dem I“ einer Entwicklung, die die Zeichen ihrer Epoche verstanden hatte und Konsequenzen zog. Denn „Reform“ hatte schon vom vergangenen Jahrhundert her bereits die meisten Orden und andere Institutionen erfaßt. Reformation, Renaissance, Reform, alles das gehörte zusammen. Auch Osuna war ein Reformer gewesen, auch Teresas große Freunde wie Alcántara oder Báñez waren es. Und im Karmelitenorden war schon mehrfach hier und da der Eifer des Reformerischen aufgeflammt.[15]

Was also bewegte das Wollen Teresas? Es läßt sich in drei Stichworte zusammenfassen: inneres Gebet, Menschenwürde von Minderheiten, zu denen auch die als „Minderwertigkeiten“ behandelten Frauen zählten, und die Einheit christlichen Glaubens. Genauer gesagt: Es ging der Heiligen darum, den kostbaren Schatz des christlichen „inneren Gebets“ als schweigende Kontemplation[16] vor den inquisitorischen Gegenströmungen ihrer Zeit zu retten, die überall, wo „mystisch“ gebetet wurde, sektiererische Alumbrados (Illuminaten, Quietisten) vermuteten. Das Gebet sollte „der Welt“ helfen.

Teresa hatte ein ähnliches Ideal einer christlichen Welt wie der Habsburger-Kaiser Karl V., so daß ihr die Vaterunserbitte „Dein Reich komme“ stets Mahnung zu unermüdlicher Gründungstätigkeit war. Ging es doch um die Einheit der Kirche in Europa, wo Teresa erschüttert von den zunehmenden Religionskriegen, Bilderstürmern, Aufhebung, Vernichtung und Wegnahme karmelitischer und anderer Klöster und Kirchen hörte. Aber sie dachte noch weiter: Durch den lebhaften Briefwechsel mit ihren nach Perú oder Ecuador ausgewanderten Brüdern eröffnete sich ihr die Perspektive der neuen Welt. Auch hatte sie ab 1575 die kleine in Quito geborene Tochter Lorenzos (Bild S. 97), die bei der Rückkehr nach Europa mit dem Vater einen Schiffbruch überlebt hatte, ständig bei sich. So kam ihr die neue Welt immer näher und dachte sie an die „Indios", wie man die Ureinwohner Amerikas durch den anfänglichen geographischen Irrtum ja nannte und immer noch nennt, nicht überheblich, sondern mit tiefem Mitgefühl. Darin war sie den Franziskanern und Dominikanern ähnlich, weniger dem polemischen Las Casas, als mehr dem die Grundlagen eines späteren Völkerrechts schaffenden Dominikaner Francisco de Vitoria, „converso" auch er [17], dessen Vorlesung „De Indis" (Über die Indianer) an der Universität Salamanca Carlos I., wie man Karl V. in Spanien nannte, besuchte. Ein Werk der Einfühlung und des Umdenkens, das der späteren Gesetzgebung für Amerika zugrundelag, der „Recopilación de las Leyes de Indias" (abgeschlossen 1680), die ebenso gut war, wie sie praktisch unbeachtet blieb. Vitoria begegnete der neuen Erfahrung von Hochkulturen, die nie etwas von Jesus Christus vernommen hatten, mit der Erkenntnis, daß diese Völker religiös im Stande der Unschuld waren, und daß selbst bei Verbrechen Christen, die ja das „Wissen" hatten, härter zu bestrafen wären als Indios. Teresa wollte für letztere wie für die Verkehrtheiten der Christen beten (Bild S. 96). Denn das eigentliche und letzte Ziel heißt „Seelen retten"!

Alles dieses bildet einen großen Zusammenhang, der mit dem Begriff „Klostergründungen" nur teilweise abgedeckt ist. Teresas Wollen und Wünschen entspringt ihrer Liebe und zielt auf das Leben einer Welt und einer Epoche bis hinein ins Überzeitliche. Darum erhält der Kampf um ihre Reform eine politische Dimension, ein Ringen auf höchster Ebene zwischen König und Papst, Ordensgeneral und Nuntius, Teresa und den Großen der Welt und der Kirche. Ihre Absichten sind keine persönlichen Steckenpferde, sondern Notwendigkeiten einer aus dem Mittelalter in die Neuzeit aufbrechenden Epoche. Persönlich, „teresianisch", ist dagegen die Art, wie die Heilige die Verwirklichung angeht: mit Gottvertrauen nicht ohne Humor, mit Freundschaft nicht ohne Geschäftssinn, mit Stille nicht ohne Betriebsamkeit, mit Askese nicht ohne Genuß.

Teresas leidenschaftliches Interesse gilt der Lage der Frauen. Sie will sie aus ihrer beklagenswerten Unwissenheit herausholen, will sie geistig ausbilden und zu vernünftigem Denken erziehen.[18] Dazu konnte bei Laienschwestern auch die Alphabetisierung gehören. Sie bewies es mit der Ausbildung der Ana de San Bartolomé (Bild S. 99), die als eine solche „Freila"(= „Brüderin"!) ins Kloster kam. Teresa brauchte sie zunächst als Pflegerin, nachdem sie sich 1578 durch einen Treppensturz den Arm gebrochen hatte. Sie erkannte ihre Begabung, lehrte sie lesen und schreiben und machte sie zu ihrer Sekretärin. Später wurde Ana selbst eine Schriftstellerin, deren lebendige und anschauliche Berichte über die Mutter Teresa noch heute von Interesse sind. 1917 wurde sie seliggesprochen. Sie ist ein Beispiel für Teresas erfolgreiches Bemühen um die geistige Erziehung der Frau.

Bei ihren des Lesens kundigen Chorschwestern ging die Reformerin anders vor. Sie mag sich gesagt haben, daß das Lesen volkssprachlicher Bibeln verboten war und zudem von ihr sehr geschätzte geistliche Autoren auf dem Index der spanischen Inquisition von 1559 standen. Wesentlicher noch als um Fragen des Wissens und der Rationalität ging es ihr um die Anerkennung der Tatsache, daß die Frau ebenso nach Gottes Ebenbild geschaffen war wie der Mann, ja daß sie in ihrer weiblichen, der Liebe aufgeschlossenen Art über eine größere Gottnähe verfügte als dieser. Im „Weg der Vollkommenheit" (= „Vaterunserbuch") findet sich eine Passage, die im

Manuskript von geistlichen Kritikern so gründlich durchgestrichen wurde, daß erst ein führender Karmelit unserer Tage sie wieder ganz zugänglich machen konnte.[19] Sie lautet:

„Herr meiner Seele! Als du noch in dieser Welt wandeltest, hast du den Frauen immer deine besondere Zuneigung bewiesen. Fandest du doch in ihnen nicht weniger Liebe, aber mehr Glauben als bei den Männern. Auch befand sich ja unter ihnen deine heilige Mutter, deren Verdienste uns zukommen und deren Habit wir tragen. Die Welt irrt, wenn sie von uns verlangt, daß wir nicht öffentlich für dich wirken dürfen, noch Wahrheiten aussprechen, um derentwillen wir im Geheimen weinen, und daß du, Herr, unsere gerechten Bitten nicht erhören würdest. Ich glaube das nicht, denn ich kenne deine Güte und Gerechtigkeit, der du kein Richter bist wie die Richter dieser Welt, die Kinder Adams; kurz, nichts als Männer, die meinen, jede gute Fähigkeit bei einer Frau verdächtigen zu müssen. Aber es wird der Tag kommen, mein König, wo dieses alles bekannt wird. Ich spreche hier nicht für mich selbst, denn die Welt kennt meine Schlechtigkeit, und das ist mir lieb. Doch sehe ich die Zeit kommen, da man starke und zu allem Guten begabte Geister nicht mehr zurückstößt, nur weil es sich um Frauen handelt" (CE 4, 1).

Sieht man einmal von der berechtigten und geharnischten Polemik ab, so schält sich als Kern eine religiöse Vorzugsstellung der Frau heraus. Hier setzt Teresas spezielles Erziehungswerk an: Höherentwicklung durch Gottes Geist, der im kontemplativen Gebet seine formende Führung übernimmt (Bild S. 41). Umgekehrt kann man in dieser Situation auch Gott veranlassen, hier und jetzt das Erbetene zu wirken, denn „bei großer Entschlossenheit und sehnlichem Wünschen hat das Gebet große Kraft" (MC 2, 35).[20]

Aber, und das muß die moderne Leserin beachten, Teresa ist nicht Feministin in dem Sinne, daß sie gleiche Rechte wie die der Männer fordert. Sie will Hochentwicklung unter den Vorzeichen des Geschlechtsspezifischen, denn für sie ist Selbstverwirklichung Gottesverwirklichung, und Gott schuf Mann und Frau für verschiedene Aufgaben. Darum auch keine Forderung nach priesterlichen Ämtern für Frauen: „Ihr könnt und sollt nicht Seelen für Gott sammeln, auch wenn ihr es gern möchtet, denn ihr habt nicht zu lehren und zu predigen wie die Apostel, denn wie solltet ihr das wohl können. – Ich habe euch ja schon einmal gesagt, daß uns der Teufel große Wünsche eingibt, damit wir unserem Herrn nicht innerhalb der Möglichkeiten dienen, die uns zur Verfügung stehen, sondern uns damit begnügen, das Unmögliche zu wollen" (7 M 4, 16). Diese Mahnung ist gewiß im Grunde an die eigene Adresse gerichtet, findet sie sich doch in den letzten Absätzen der „Inneren Burg".

Die Fähigkeiten der nach Gottes Ebenbild geschaffenen Frau sind nicht geringer einzuschätzen als die des Mannes. Teresas Selbstbewußtsein, die Kehrseite ihrer immer wieder betonten Demut und auch gelegentlichen Depression (Bild S. 61), äußert sich z.B. im Umgang mit ihrem Ordensgeneral Rossi, dem sie 1576 aus Sevilla schreibt: „Und wenn wir Frauen uns auch zum Ratgeben nicht eignen, treffen wir doch manchmal das Rechte. Im Angesichte Gottes werden Euer Wohlehrwürden dereinst erkennen, wieviel Sie Ihrer wahren Tochter Teresa de Jesús verdanken" (Cta 98, 7 u. 3).

Der von ihr so häufig hervorgehobene Begriff Demut bedeutet gewiß keine falsche Bescheidenheit. Sie meint damit letztlich das Bewußtsein der Abhängigkeit der Menschenwürde von Gottes unfaßbarer Größe: „Gott ist die höchste Wahrheit, und Demut ist Wandeln in Wahrheit. Je mehr das jemand versteht, um so mehr weiß er der höchsten Wahrheit zu entsprechen, denn er bewegt sich ja in ihr. Wolle Gott, daß wir aus dieser wichtigen Einsicht und Selbsterkenntnis nie herausfallen" (6 M 10, 8). Um nun alles zu verwirklichen, Frauenbildung, Gebet, Erhaltung des Glaubens und der leidenden Welt, alles dieses jedoch im Blick auf die ewige Bestimmung des Menschen, bedarf es aus der Perspektive der Epoche neuer Klöster.

Zunächst also packt Teresa die Gründungspraxis an. Sie kann in Avila ihre adelige Freundin Guiomar de Ulloa für den Plan gewinnen, die ein kleines Haus kaufen will. Aber die Barschaft reicht nicht. Auch die Genehmigungen gestalten sich mehr als schwierig. Teresa läßt sich nicht beirren und vertraut auf ihren himmlischen Herrn und Freund. Und unversehens kommt Geld aus Amerika, unerwartet hilft ein Schwager, wider alle Voraussicht kommt die Genehmigung aus Rom: Das Klösterchen San José wird Wirklichkeit! Aber so unscheinbar, so unbedeutend das Unternehmen, so groß das Aufsehen! Zum einen natürlich im Menschwerdungskloster, wo man zwar gern über mehr Vollkommenheit theoretisierte, praktisch aber jede größere Strenge fürchtete. Zum anderen in der Stadt Avila, einer Stadt mit berühmter Ringmauer, Adelspalästen und Klöstern, der Stadt der Edelleute und Heiligen, wie man heute gern sagt, die damals doch nur ca. 1000 Einwohner aufwies gegenüber Toledo mit 90 000.[21] Doch die Einwohner von Avila, lauter „Jemands", waren nicht bereit, grundlegende Veränderungen hinzunehmen, die unter Umständen Geld kosten konnten – so jedenfalls liefen die Argumentationen des Bürgermeisters und einer erregten Menge vor dem Rathaus, als der Tag der – von Brandstiftung und sonstiger Gewaltankündigung – bedrohten Gründung des kleinen Klosters San José mit seinen vier Nonnen gekommen war (Bild S. 66/67). Das war am 24. August 1562. Bei dieser Gelegenheit lernte Teresa ihren künftigen großen Beichtvater Domingo Báñez kennen, dessen spontane Rede die öffentliche Meinung zu ihren Gunsten wendete.[22] Im Dezember zieht Teresa de Ahumada als Priorin in San José ein und nennt sich von nun an Teresa de Jesús.

Was war denn so „neu" an diesem winzigen Kloster, daß es die Menschen erregte? Zum einen war es die „Gründung auf Armut", zu der sich Teresa, beraten vom heiligen Franziskaner Pedro de Alcántara (Bild S. 65) durchgerungen hatte. Doña Guiomar vermittelte eine längere Zusammenkunft in ihrem Haus (V 30, 3-6). Dieser Heilige, Ordensreformer mit großer Erfahrung, der eine extreme Askese mit klugem Geist und Freundlichkeit verband, stand in hohem Ansehen, und Teresa wußte sich ihm für immer verbunden, auch wenn sich die „Armut", d.h. die auf Spenden (Almosen) und Handarbeit angewiesene Einkunftslosigkeit ihrer Reformklöster nur in größeren Städten durchführen ließ. Auch galt Handarbeit im christlichen Spanien als Kennzeichen der Andersgläubigen im Lande, und darum wirkte ihre Einführung schockierend. Später würde Teresa, klug überlegt die Umstände berücksichtigend, auch „auf Renten" gründen. Zum anderen war es die Strenge, insbesondere der Klausur, die dem freundschaftlichen Verkehr zwischen Nonnen und Weltleuten, wie man es vom Menschwerdungskloster gewöhnt war, zum Ärger vieler ein Ende bereitete. Und schließlich, aber das sprach niemand aus, waren die ersten Nonnen „conversas", die Namen zeigen es.[23] Auch bei den folgenden Gründungen waren weibliche Verwandte der Teresa aus dem toledanischen Zweig reichlich beteiligt. Ging es doch der Heiligen darum, im Gegensatz zu fast allen christlichen Orden ihres Landes, den berüchtigten „Estatutos de limpieza de la sangre", den „Satzungen zur Reinheit des Blutes", keine Anerkennung zu gewähren, wenn sie auch nie davon sprach. Diese Satzungen waren in ihrer Zeit so etwas wie der Ariernachweis im Hitlerdeutschland, nur daß die „Reinheit des Blutes" primär keinen rassistischen, sondern einen religiösen Begriff meinte.

Ein jeder verstand die verborgene Kühnheit, wenn Teresa sagte, ihr komme es für ihre Klöster weder auf Geld noch Herkunft an, sondern einzig auf die religiöse Berufung und Befähigung. Das war mehr als reformerisch, das war revolutionär, denn es betraf das Standesbewußtsein einer Epoche. Und noch revolutionärer, einfach unerträglich war die Tatsache, daß eine Frau, also eine „Minderwertigkeit", sich anmaßte, einen ganzen Orden zu reformieren – einschließlich der Mönchsklöster. Freilich war Terea in ihrem Reformwillen nie fanatisch. Sie brauchte für ihre Vorhaben nicht nur das gebildete und wohlhabende Bürgertum, also die am besten alphabetisierte Bevölkerungsschicht der spanischen Juden, sie brauchte auch den christlichen Hochadel mit seinem Geld und seinen Beziehungen.

Der italienische Ordensgeneral Rossi (span. Rubeo) war weitherzig und gab ihr zunächst mit Freuden die Erlaubnis für alle geplanten Gründungen. Doch praktisch mußte sie für die Durchführung einen Helfer suchen. Und sie fand Johannes vom Kreuz, einen der ganz großen Mystiker und Dichter (Bild S. 53). Letzteres wußte sie nicht, ersteres freute sie nicht immer. In die Anerkennung der Überlegenheit des so viel jüngeren geistlichen „Sohnes", der keine „Ordensmutter" brauchte, mischten sich verständlicherweise manchmal Ironie und Ärger. [24] Aber dieser erste „unbeschuhte" Karmelit wurde der große Novizenmeister des Ordens, und man übersieht oft im Blick auf sein nach Innen gekehrtes Wesen seine große Leistung als Gründer und „Reisender".[25] Juan hatte Frieden in Teresas Orden gesucht und fand nichts als Unruhe und Kämpfe, aus denen er nicht immer als Diplomat, wohl aber als Heiliger hervorging.[26] Der später gekommene Jerónimo Gracián de la Madre de Dios war ihrem Herzen näher, ja so nah wie kein anderer Mensch (Bild S. 91). Sein kindlich unbekümmerter Charakter bedurfte ihrer mütterlichen Obhut. Zudem war er ein „letrado", ein mit seinem Wissen beeindruckender Gelehrter, der einer berühmten, am Königshof wirkenden Humanistenfamilie entstammte.[27] Und die menschlichen Ideale der Teresa waren nun einmal Tugend und Gelehrsamkeit. Schneller als Johannes vom Kreuz, der in seiner Gotterfülltheit Ämter nicht liebte, brachte Jerónimo Gracián es zu hohen Würden und heftigem Umkämpftsein. Tragisch wurde am Ende durch Mißgunst und Intrigen das Schicksal dieser beiden maßgeblichen „Söhne".[28]

Für die Klostergründungen entwickelte Teresa eine praktische Strategie, die als „Gründungsdidaktik" lehrbar war. Am Ende gründeten auch begabte „Töchter", vor allem Ana des Jesús (Bild S. 98) ist hier zu nennen, die nicht nur zu Lebzeiten Teresas in ihrem Auftrag Granada gründete, sondern später auch in Frankreich und im flämischen Raum als Teresas Nachfolgerin wirkte. Teresa persönlich aber gründete nach Avila weitere 15 Nonnenklöster (vgl. Karte S. 111). Hinzu kommen noch die Mönchsklöster in Duruelo (1568) und Pastrana (1569). Bis zum Tode ihres Helfers Johannes vom Kreuz am 14. Dezember 1591 wurden weitere 25 Mönchsklöster gegründet. Erwähnenswert ist für Teresas weitblickende Aktivitäten auch das Studienkolleg San Cirilo in der humanistischen Universitätsstadt Alcalá de Henares, wo Johannes vom Kreuz zunächst das Rektorat übernehmen mußte, und wo in der Zeit des großen „Ordenskrieges" Gracián Hausarrest hatte. Ein Ordenskrieg, der einerseits auf Kompetenzstreitigkeiten zwischen König, Papst und Ordensgeneral beruhte, Weltpolitik also, andererseits auf der menschlichen Tatsache, daß sich Mönche nicht gern von einer Nonne reformieren ließen.

Ein Zeitgenosse und Beichtvater Teresas, Diego de Yepes OSH (1531-1614), charakterisiert die Gründerin aus seiner persönlichen Erinnerung: „Ich war so glücklich über ihre Tugend, so eingenommen von ihrer Demut und Klugheit, daß ich seither der Marktschreier ihrer Vorzüge bin, der Sklave ihrer Klöster und mich, der ich dieses alles gleichsam mit Händen greifen konnte und Zeuge ihres Herzens wurde, verpflichtet sehe, von dieser unglaublichen Vollkommenheit und Heiligkeit zu künden. Denn zweifellos ist sie der Ruhm und die Ehre unserer Zeit und die Blume, die in der unfruchtbaren Wüste dieser Spätzeit der Kirche erblüht."[29]

Im zweiten Teil seines Buches geht er auf ihre charakterlichen und geistigen Eigenschaften als Gründerin ein: „Sie besaß großen Verstand, zu allem fähig. Ein reifes und ausgewogenes Urteil, von erheblicher Klugheit gestützt. Alle ihre Vorhaben waren wohldurchdacht, und sie erwog mit großer Erfahrung das Für und Wider der Dinge. Hatte sie sich aber entschlossen, so war sie fest und konsequent im Durchführen des Begonnenen. In ihr war das Licht einer bewundernswerten Vernunft, mit der sie ihre Unternehmungen großartig durchführte, wie man es klar an der Gründung und Leitung so vieler Klöster sieht. Und so groß wie ihr Verstand und ihre Urteilsfähigkeit war auch ihre gelehrige Flexibilität (Bild S. 75). Sie schätzte gute Theologen sehr und begann nichts Wichtiges, ohne sich vorher mit ihnen besprochen zu haben. Sie war geschäftstüchtig, geschickt in Verhandlungen und im Umgang mit Problemen.[30] Jeder bekam Hilfe und Antwort, ohne daß sie sich je mit Mangel an Zeit oder Gesundheit entschuldigt hätte. Oft schrieb sie an den König und andere hohe Herren, und allein mit ihren Briefen brachte sie große Dinge zustande."[31]

Die letzte und schwierigste Gründung der Heiligen ist die in Burgos (Bild S. 109), wo ihr der Erzbischof hinterhältig immer neue Steine in den Weg legt. Sie verläßt die nordspanische traditionsreiche Stadt nach sieben Monaten des Kämpfens total erschöpft. Gracián hatte ihr Ruhe in Avila verordnet. Aber die Pflichten, ihr Vorgesetzter und schließlich die Herzogin von Alba, die sie für eine familiäre Situation „anfordert", zwingen sie zur Weiterreise. Die letzte Station heißt dann Alba de Tormes (Bild S. 106/107), wo sie am Nachmittag des 20. Septembers eintrifft und sich sofort zu Bett begeben muß. Das Krebsleiden setzt sich durch. Teresas Sterben in Alba wird schon von den vielen Streitigkeiten und Intrigen im Orden überschattet, die gleich nach ihrem Tode am 4. Oktober 1582 aufbrechen. Die neue Zeit aber, deren Kind die Heilige schon war, bestätigt sich in ihrer Todesnacht, in der unser gregorianischer Kalender in Kraft tritt. Als sollte gezeigt werden, daß hier ein Mensch ging, der die Welt für Gott und Menschen verändern wollte und konnte.

Was Teresa schrieb und lebte

Das Schreiben ergab sich bei Teresa aus dem Leben, nicht umgekehrt. Sie war keine Berufsschriftstellerin. Doch ihre Werke zählen zur Weltliteratur, es war einfach eine Frage der Echtheit und Begabung. In den Schriften liegt ihre heutige Bedeutung.[32]

Der schon zitierte zeitgenössische Biograph Diego de Yepes berichtet von den Eindrücken, die ihm die Begegnung mit der Heiligen vermittelte: „Ich kannte die selige Mutter Teresa de Jesús während des Zeitraums von über 14 Jahren, in dem ich Umgang mit ihr pflegte, und halte das für eine besondere Gnade Gottes und wirksame Hilfe für mein ewiges Heil." Der Geistliche verweist besonders auf Teresas Begabung des wirkenden Wortes: „Gott hatte ihr eine wunderbare Kraft und Fähigkeit gegeben, die Herzen derer zu bewegen, mit denen sie umging. Denn mit der Macht ihrer Worte gewann sie Zuneigung und beseitigte Widerspruch. Wie der Wind die Wolken auflöst, so verschwanden alle Schwierigkeiten, sobald sie sich bei einer Angelegenheit ins Mittel legte. Was zuvor schwer, ja, unmöglich schien, wurde nun möglich und leicht. Viele Menschen kamen zu ihr, die einen wegen Versuchungen, die anderen mit Zweifeln und Skrupeln, und oft konnten sie sich nicht einmal klar ausdrücken. Sie aber verstand sie wie ein weiser Arzt, und vermochte sie mit ihren Worten wunderbar zu beruhigen und zu heilen. Manche kamen von weit her, um Dinge ihres geistlichen Lebens zu besprechen. Andere suchten Trost in Mühen und Leiden, nicht nur einfache Menschen, sondern auch große Gelehrte, und alle verließen sie zufrieden und getröstet allein durch die Worte, die sie von ihr vernahmen."[33]

Eine geniale Frau, die so über das gesprochene Wort verfügte, mußte sich auch auf das Schreiben verstehen. Durch ihre Schriften hat Teresa von Avila heute Freunde in aller Welt, nicht nur in Spanien, wo der große Gitarrist Narciso Yepes bezeugte: „Ich, Reisender des 20. Jahrhunderts, habe immer die Schriften der Teresa von Avila und meine Gitarre bei mir. In den Warteräumen der Flughäfen und in der Luft, ob ich die Erde überfliege oder das Meer, immer geben ihre Worte mir Hoffnung und bringen mich der Realität des Schöpfers nah. Ich meine, Santa Teresa ist aktueller als viele unserer Zeitgenossen. Sie weckt in mir das notwendige Bewußtsein vom Leben, das ich in mir habe."[34]

Auch Athenagoras, der ökumenische Patriarch von Konstantinopel, gestand: „Die Werke der heiligen Teresa von Avila und des heiligen Juan de la Cruz sind meine häufigste geistliche Lektüre. Ich lese sie im Original, ohne

Wörterbücher zu brauchen."[35] Oder man denke an Edith Stein mit der Geschichte ihrer Bekehrung zum christlichen Glauben, die mit der nächtlichen Lektüre von Teresas Autobiographie dramatisch anhob, da die Jüdin erkannte: „Dies ist die Wahrheit!"[36]

Teresa begann ihre berühmte „Vida" Anfang 1562 in Toledo und hat sie dann drei Jahre lang überarbeitet und dem Urteil so großer Geistlicher wie Juan de Avila und Domingo Báñez unterworfen. Dabei hat dieses Buch bis zum heutigen Tage nichts an Frische und Faszination eingebüßt. Báñez schützte es mit seinem Gutachten vor den Verfolgungen der Inquisition, denn damals interessierte an diesem Werk nur die Darstellung der „mystischen Phänomene", die Teresa in die Nähe sektierischer „Alumbrados" zu rücken schienen. Das war um so gefährlicher, als die ehemaligen Juden, die „conversos", wenig Geschmack an den Formalismen der zeitgenössischen christlichen Kirche gewinnen konnten und in ihrer Religiosität der als „modisch" geltenden persönlichen Erfahrung zuneigten, die stets verdächtig schien. Hatte sie doch in Spanien zahllose Anhänger unter den Mauren mit ihrer großen Tradition der Sufimystik.

Américo Castro, Kenner der Mentalität konvertierter Juden in Spanien, erläutert: „Das Leben als Erscheinung zu erforschen, reizte sie mehr, als es begrifflich zu definieren, weshalb sie tief in das gefährliche Meer ihrer eigenen Gefühle und Leidenschaften eintauchten. Ihr Denken bewegte sich entlang der Autognosis (Selbsterkenntnis), der bewußten Wahrnehmung des eigenen Lebensprozesses." Im Grunde fielen diese Neigungen des orientalischen Lebens, wie Castro sagte, in Spanien auf einen so fruchtbaren Boden, daß sie in der Literatur des „goldenen Zeitalters" bis hin zur Tradition des Cervantes kräftig Wurzeln schlugen.[37] Das heißt also in allem, was dieses Zeitalter geistig zu einem „goldenen" machte.

So ist es kein Zufall, daß die erste große Autobiographie der spanischen Literaturgeschichte von einer „conversa" stammte. Teresa brachte hierfür ihre ganz eigene, der spanisch-jüdischen Tradition entstammende Begabung mit, nämlich die Fähigkeit zur Introspektion, zur ebenso differenzierten wie klaren Darstellung komplexer Seelenvorgänge. Ihre psychologische Einfühlung überragt alles Bekannte bis zum heutigen Tage.

Das verstanden schon die Zeitgenossen. Báñez berichtet rückblickend, daß nach seiner Zensur der „Vida" das Manuskript zwar „vom Heiligen Offizium" verwahrt wurde, die hellsichtige Mitwelt jedoch zuvor zahlreiche Abschriften angefertigt hatte. Gedruckt wurde dann nach dem Tode Teresas das gesichert authentische Inquisitionsexemplar, eine positive Folge der Konfiszierung! Báñez hatte geschrieben: „Ich prüfte mit größter innerer Zurückhaltung die Beziehung des Gebets zum Leben dieser Nonne, denn niemand war gegenüber ihren Visionen und Offenbarungen ungläubiger als ich, wenn ich auch ihre Tugend und ihren guten Willen kannte." Dann aber bezeugte er, diese Offenbarungen, Visionen und Ekstasen könnten von Gott kommen, so wie bei anderen Heiligen auch[38] (Bild S. 54). Und er gestand nach dem Tode der Teresa, wie er im Beichtstuhl manchmal zitterte, so deutlich spürte er durch ihre Worte Gottes Gegenwart.

Die Inquisitoren waren durch Anzeigen auf das Buch aufmerksam geworden. Dahinter steckte in erster Linie die Fürstin (span. princesa) Éboli, dem heutigen Leser durch Schiller und Verdi in der angeblichen Beziehung zum unglücklichen Infanten Don Carlos bekannt. Eine Beziehung, die es jedoch nicht gab, denn der „Thronfolger" war schwachsinnig! Die Éboli, geborene Mendoza und Frau des Fürsten Éboli von Pastrana, war eine äußerst intrigante Person, was durch die Einäugigkeit der sonst schönen Frau vielleicht gefördert wurde (Bild S. 79). Zumindest war sie exzentrisch.

Als Teresa sich 1568 auf Verhandlungen mit dem Fürstenpaar von Pastrana zwecks Stiftung eines Mönchs- und eines Nonnenklosters einließ, wurde das schnell offenbar (Bild 00). Die Éboli äußerte unannehmbare Wünsche. Ein Machtkampf zwischen den Frauen begann, den die um 25 Jahre jüngere Fürstin genoß. Auch verlangte sie, daß Teresa ihr das

Manuskript der Autobiographie zur Lektüre ausliefere. Da half der Heiligen kein Sträuben. Die „Prinzessin“ gab ihr Ehrenwort, daß niemand außer dem Fürstenpaar das Geschriebene zu sehen bekomme, und verteilte sofort die Blätter an das Personal. Wer des Lesens kundig war, las vor, und alles bog sich vor Lachen, so etwas hatte man noch nie vernommen! So laut war das Gelächter, daß es noch in Madrid gehört wurde.

1573 aber stirbt unerwartet der Fürst. Bei seinem Begräbnis beschließt die haareraufende Fürstin, augenblicklich in Teresas Kloster einzutreten. Der die Trauerfeierlichkeiten leitende Pater Mariano muß seinen Habit ausziehen (Bild 00), die Éboli legt ihn an und läßt sich, im fünften Monat schwanger, mit Dienerschaft im Kloster nieder. Teresas Nonnen dürfen nur kniend mit der Fürstin sprechen. Da ist die Geduld der Mutter Teresa erschöpft, sie wird deutlich. Die Éboli sagt: „Das Kloster gehört mir!“ Teresa kontert: „Aber nicht meine Nonnen!“ Danach bleibt nur noch die Flucht. Am 6. April 1574 zieht Teresa mit ihren Nonnen bei Nacht und Nebel von Pastrana nach Segovia, wo sie ein provisorisches Kloster erwartet. Doch nun erstattet die Éboli bei der Inquisition die schon erwähnte Anzeige wegen der „Vida“, und Domingo Báñez greift ein. Um es genau zu sagen: Er sammelt die kursierenden Blätter, geht damit zum Heiligen Offizium und bittet, mit der Zensur beauftragt zu werden, was man dem renommierten Dominikaner gern gestattet. Mit seinem historisch zu nennenden Gutachten war die Autobiographie endgültig für die Nachwelt gerettet. Dennoch, der größere Ruhm gebührte dem älteren Brief des Juan de Avila (Bild S. 69), der so feinfühlig auf Teresas Erfahrungen einging. Schon Luis de León war von ihm so begeistert, daß er ihn in seine Biographie der Teresa im vollen Wortlaut aufnahm.

Heute urteilt Azorín (1873-1967), der große Essayist und Literaturkritiker im Spanien unseres Jahrhunderts, folgendermaßen über die einst umstrittene Autobiographie: „Das ‚Leben der Teresa, wie sie selbst es schrieb, ist das tiefste, dichteste, eindringlichste Buch der gesamten europäischen Literatur. Neben dieser Autorin wirken die schärfsten Analytiker des Ich, wie Stendhal und Benjamin Constant, wie unerfahrene Kinder. Und das nur, weil sie in diesem Buch ein klein wenig von ihrem Geist hinterlassen hat. Alles auf diesen Seiten, die ganz rein, dicht und ungekünstelt keine Form der Außenwelt zeigen, weder Farben noch Umrisse, ist von einer Dramatik, einem Engagement und einer Bedrängnis, die tragisch zu nennen sind.“[39]

„Legendär“ im negativen Sinne wurde auch die Beschäftigung der Nachwelt mit der Gestalt der Éboli. Die historische Wahrheit ist: Sie verbündete sich später am Hofe Philipps II. mit dem berüchtigten Sekretär (= Minister) Antonio Pérez gegen den König und wurde wegen ihrer Intrigen in einem einsamen Schloß gefangengesetzt. Letzte Station ist der Turm ihres eigenen Palastes in Pastrana, wo sie nach 10 Jahren 1592 der Härte der Haft erliegt und stirbt.[40]

Teresa, die sich schon seit 1572 der Unio mystica gewürdigt weiß (Bild S. 57), lebt nach dem Fehlschlag von Pastrana unverdrossen weiter ihre Doppelrolle als Gründerin und Schriftstellerin. Sie bekommt Ermutigung aus Toledo, wo man ihr 1576 Verhandlungsangebote zum Druck ihres Buches „Weg der Vollkommenheit“ macht. Sie hatte es 1562-65 in erster, 1569 in zweiter, objektiverer Fassung geschrieben, ist es doch das Anleitungsbuch für das kontemplative Beten und Leben in den neuen Klöstern (Vgl. Seite 17). Die erste Fassung überschneidet sich zeitlich mit der „Vida“. Dennoch begegnet uns hier eine andere Teresa: die Ordensmutter bereits, kaum noch von Zweifeln geplagt, ganz um das Gelingen der Reform und des Lebens in den neuen Klöstern bemüht. Die „Erfahrung“ ist jetzt nicht mehr Anlaß zu Ängsten, sie wird vielmehr richtungweisend für die Lehre. Zugleich ist dieses Buch eine Kampfschrift zur Lage der Frauen, vor allem der unverheirateten. Kam doch das ganze Reform- und Gründungswerk aus dem Wunsche, daß Teresa innerhalb ihrer Grenzen als Frau für Gott das Mögliche tun wollte. Und dieses Mögliche erwies sich als viel! Die Frauen sollten darum ihre „Schwäche“ vergessen und sich nicht beklagen, zumal sie sich glücklich preisen konnten, „frei zu sein von der Unterwerfung unter einen Mann, der ihnen oft das Leben zerstört und, wolle Gott, nicht auch die Seele“ (F 31, 46).[41] Teresa läßt also nicht mehr „die Flügel hängen“ (V 10, 8), weil sie eine Frau ist, sie kämpft gegen Diskriminierung.

Die erste Fassung des Werks wird in der Bibliothek des Escorial verwahrt (Bild S. 89), die auch das Originalmanuskript der Autobiographie besitzt. Die zweite Fassung ist im Kloster zu Valladolid. Doch so dringend man das Buch auch brauchte, die geplante Publikation kam erst nach dem Tode Teresas durch ihren Freund, den Erzbischof Teutonio de Bragança in Évora zustande (1583). Don Teutonio war ein Mitglied der Familie Bragança, die von 1640 bis ins 20. Jahrhundert den portugiesischen Königsthron innehaben sollte. Er zeigte sich als großer Verehrer der Teresa von Avila. Durch ihn unternahm sie im Juli 1579 einen brieflichen Versuch, den Krieg zwischen Spanien und Portugal zu verhindern. Leider vergeblich. König Philipp II. brachte ein Jahr später, mit dem Herzog von Alba als Heerführer, Portugal für 60 Jahre unter die Herrschaft der spanischen Krone. Auch Herzog Alba, der gefürchtete einstige Gouverneur der Niederlande, gehörte, vor allem mit seiner Frau, zum Freundeskreis der Reformerin, die durch tragische Verkettungen dieser Beziehung ihre Grabstätte in Alba de Tormes fand. Das regte später Cervantes zu einem Gedicht auf die Heilige an, das die Bedeutung von „alba“ als „Morgendämmerung“, „Morgenröte“ nutzt.[42] Auch Teresa selbst schrieb einige Gedichte von hoher literarischer Qualität (vgl. Bild S. 109), wenn auch die Geschäftigkeit ihres Alltags meist nur Gelegenheitsdichtungen zuließ.

Über zehn Jahre (1564-70) und verschiedene Orte erstreckten sich die unvollendeten „Meditationen über das Hohelied“. Das vielversprechende Werk blieb aus mehreren Gründen Fragment, wenn auch ein kostbares. Ein Grund lag in der Schwierigkeit, seit dem berüchtigten Index des Inquisitors Valdés von 1559 nur die Vulgata, also die lateinische Bibel lesen zu dürfen. Die Realität des Verbots wurde bestätigt durch das skandalöse Schicksal des Fray Luis de León, Teresas späterem Herausgeber. Weil der hebräischkundige Converso, großer Lyriker und illustrer Professor an der Universität von Salamanca, das Hohelied direkt aus dem Hebräischen und nicht aus der Vulgata übersetzt hatte, wanderte er für viereinhalb bittere Jahre ins Gefängnis. Als er im Dezember 1576 glänzend rehabilitiert wieder herauskam und mit einer neuen Professur in Salamanca die Vorlesungen wieder aufnahm, sprach er die stoischen und geflügelten Worte: „Dicebamus hesterna die“ – „Wir waren das letzte Mal stehengeblieben“! (Bild S. 101)

Von Teresa wurde etwa 1580 verlangt, was man auch bei der „Vida“ schon angedroht hatte, nämlich das Werk zu verbrennen. Teresa gehorchte augenblicklich und veranstaltete mit dem „Lied der Liebe“ ein kleines papiernes Autodafé. Sie tat dies heiter und gelassen, denn sie verfügte über vollständige Abschriften!

Unter den Werken von Teresa, die Fray Luis de León 1588 mit großer Liebe und Einfühlung herausgab, fand sich auch die kleine, bewegende Schrift „Rufe der Seele zu Gott“, die undatiert ist und, wie Gracián später überlieferte, die Empfindungen der Heiligen nach der Kommunion ausdrückt. Fray Luis veröffentlichte aber noch nicht die gewichtigen „Fundaciones“, die „Klostergründungen“, die wegen der darin kritisch betrachteten Personen erst 1658 in Zaragoza herauskamen. Eine Art Tagebuch der Gründungsreisen, das zu schreiben Teresa oft zu viel wurde, hätte man es ihr nicht immer wieder „befohlen“. Dabei reicht die Skala der Befehlenden von Jesus Christus (visionär) bis Pater Gracián (real)! Das Resultat des Erzwungenen ist köstlich, Teresas anschauliches und humorvolles Erzähltalent kommt zum Zuge. Zur Realistik von Schilderungen wie: „Wir schlossen uns also in ein Zimmer ein, wo das Stroh aufgeschüttet war, dem immer meine erste Sorge galt, wenn ich ein Haus gründen wollte, damit uns das Bett nicht fehle“ (Kap. 19) gesellt sich ungeschminkt die kritische Beobachtung. Dabei bedient sie sich oft einer Ironie, die auch Bibelzitate einbezieht, wie es aus dem Schelmenroman bekannt ist. Man vergleiche im „Lazarillo de Tormes", dem Urtyp der Gattung, die Verhaftung des diebischen Vaters: „Und er erlitt Verfolgung um der Gerechtigkeit willen" (Mt 5, 10) mit Teresas Bericht über den Erzbischof von Burgos, der sich ärgerte, daß sich der Bischof von Palencia für sie einsetzte: „Er sagte mir, der Tod unseres Herrn habe aus Feinden Freunde gemacht (vgl. Luk 23, 12), durch mich aber seien zwei Freunde nun verfeindet. Ich antwortete, daran könne er sehen, wer ich sei" (F 31, 43).

Man hat die „Klostergründungen" immer wieder mit dem Schelmenroman verglichen, wenn auch die Autorin nicht in das mit der Entwicklung der Gattung zunehmend krimineller werdende Schelmenmilieu paßt. Aber der Ton, der Stil – man lese z.B. über das Geschehen auf der Brücke von Córdoba (Bild S. 80/81)! Dazu die Zeitkritik, die neuen Haltungen, vor denen die Konventionen von „Blut" und ideologisch verstandener „Ehre" des christlichen Adels (zu der Reichtum und Verweigerung von Arbeit gehörten), von Krieg und angemaßter Macht verblassen. Und das literarisch-philosophische Thema des „desengaño", diese „Ent-Täuschung" als Entlarvung der durch Welt und Leben hervorgerufenen Täuschung, eine für das gesamte „goldene Zeitalter" des geistigen Spaniens entscheidende Thematik, die mit dem Schelmenroman beginnt. Zu ihm gehört häufiger Ortswechsel, typisch auch für Teresa, wenn auch nicht im Dienste vieler, sondern nur eines großen Herrn.

Wie reiste sie? Vielfältig waren die Fortbewegungsmittel. In unwegsamem Gelände bediente sie sich des Maultiers, sie war eine gute Reiterin, Reiten gehörte zur Schulung des Adels. Freilich stand einer Nonne die Luxusklasse Pferd nicht zu. Gelegentlich lieh ihr eine ihrer hochgestellten Freundinnen und Gönnerinnen einen besonders guten Sattel oder auch eine bequeme Kutsche. Ihre männlichen Begleiter mußten neben und hinter der Kutsche reiten, eine Art Eskorte. War die Zeit zum Gebet gekommen, so hielt die Mutter Teresa eine Glocke zum Fenster hinaus, und alle gehorchten, wenn sie das Läuten hörten. Wie besorgt war die Heilige um ein „pannenfreies" Tier für Pater Gracián (Bild S. 95)! Am häufigsten aber reiste die Heilige in rüttelnden Leiterwagen, geschützt vor Blicken und Sonne durch eine tonnenförmige Plane. Meist zogen Maultiere, manchmal jedoch, wenn mehrere Schwestern sie begleiteten, gab es für den größeren Wagen auch ein Ochsengespann. Natürlich waren Kutscher und Maultiertreiber nötig, Teresa hatte quer durch Spanien ihre guten Adressen.

Gern nahm sie den Weg über Toledo, die Stadt ihrer Väter, die als „Großstadt" und durch ihre Lage in der Landesmitte für alles Organisatorische und Postalische günstig war. Als darum 1575/76 im Ordenskrieg der Reform die Wogen hochgingen und der General ihr befahl, sich in ein Kloster ihrer Wahl zu verfügen und sich dort stillzuhalten – eine freundlich formulierte Gefangenschaft also, wie Teresa selbst bemerkte –, wählte sie Toledo, dessen karmelitisches Reformkloster sie schon 1569 auf den Wunsch und mit dem Geld eines reichen Kaufmanns gegründet hatte (Bild S. 82/83). Nun blieb sie gern dort von Juni 1576 bis Juli 1577 und freute sich über Zeit und Ruhe. Die Stadt mit der großen Tradition dreier Kulturen, die Stadt ihrer Väter beflügelte ihre schöpferischen Kräfte. Wie El Greco, der im gleichen Jahr 1577 nach Spanien kam und sich in Toledo niederließ (Bild S. 33 und S. 83), besaß sie die besondere Gabe, übernatürliche Erfahrungen und Gedanken bildhaft umzusetzen. Wie dieser große Maler, der möglicherweise später in ihren Werken las, sieht sie die irdische und himmlische Welt zugleich in ihrer wechselseitigen Abhängigkeit, wie ihm ist ihr der Tod das einzige „Mittel", um zum wahren Leben zu gelangen. Helmut Hatzfeld, einer der führenden Hispanisten unseres Jahrhunderts, sieht z.B. im berühmten Begräbnisgemälde des Conde Orgaz, aber auch im „Edelmann mit der Hand auf der Brust", im „Joseph mit dem Jesuskind" teresianische Gedanken gespiegelt.[43] Hier in Toledo wurde die Urfassung ihrer Autobiographie entworfen, hier formte eine Begegnung mit Petrus von Alcántara ihre Lebenspläne, hier schrieb sie nun ihr größtes Werk, die „Wohnungen der inneren Burg" („Las Moradas del Castillo interior"), ein Werk, das sich ganz auf Bildhaft-Symbolisches gründet. Es war fast vollendet, als sie wieder zurück nach Avila in ihr kleines San José-Kloster ging.

Es ist die am stärksten durchstrukturierte Schrift; Graciáns Besuche in der toledaner „Gefangenschaft" führten zu intensiven und richtungweisenden Gesprächen. Die Genialität des Buches zeigt sich im Spannungsverhältnis zwischen dem unendlichen Gegenstand und den betont endlichen Ausdrucksmitteln: Die Wohnung, der Schmetterling, der feurige Pfeile versendende Bräutigam in der Mitte, die heilige Zahl Sieben für das unfaßbar Grenzenlose, die Lichteffekte, wie sie auch El Greco liebte. Das ganze Burgbild meint die menschliche Seele, die Teresa schon im „Weg der Vollkommenheit" einem zu vergrößernden Palast verglich (C 28, 9-11). Sie arbeitet im Grunde mit so modernen Vorstellungen wie „Bewußtseinserweiterung". Geht es doch im mystischen Prozeß der „Unio" um innere Verwandlung (Bild S. 41).

Auch das Zusammenleben mit Johannes vom Kreuz (Bild S. 85) zwecks Reform ihres einstigen Menschwerdungsklosters in Avila (Bild S. 49), dem vorzustehen Teresa von den Ordensoberen 1571 gezwungen wurde, und für welche Aufgabe sie einen hervorragenden geistlichen Führer brauchte, mag hier von Einfluß gewesen sein. Ging es Johannes doch vor allem um „transformación", die innere Verwandlung, ja, modern gesprochen, den „Paradigmenwechsel", und waren seine Erläuterungen voller Farbe und Poesie. Die Kirche bewies ein gutes Gespür, als sie 1965 Teresa zur Schutzpatronin der spanischen Schriftsteller ernannte (Bild S. 103), nachdem schon 1952 Johannes vom Kreuz Schutzpatron der spanischen Lyriker geworden war. Diesmal gab es keine Kämpfe wie im 16. Jahrhundert, als man Teresa zur Schutzpatronin für Spanien überhaupt erklärte und eine Männerwelt es leicht hatte, dagegen aufzustehen: Schien doch der ehrwürdige Schutzpatron Santiago (der Apostel Jakobus) mitsamt dem legendären Wallfahrtsort dadurch „bedroht". Der empörte Quevedo schrieb Spottverse, aber Lope de Vega feierte die bekannt gewordene Vision der Herzdurchbohrung in Versen, die des jüngeren Bernini würdig sind (Bild S. 59).[44] Verband doch manche geistige Verwandtschaft Teresa mit Lope: Die Fähigkeit zum volkstümlichen Sprechen auf höchster Ebene, der „aufgeklärte Despotismus"[45], mit dem Teresa ihre Klöster leitete, und beider Auffassung vom König, eingesetzt von Gottes Gnaden, jedoch absetzbar vom Volk, wenn er Gottes Geboten nicht mehr entspricht (Bild S. 87).

War Teresa damals, trotz Selig- und Heiligsprechung, noch so umkämpft, daß sich ein Luis de León zu einer flammenden Apologie veranlaßt sah (Bild S. 101), drückt für unsere Tage der große spanische Romancier Camilo José Cela das Empfinden aller aus, indem er sagt: „Die heilige Teresa bedeutet den Gipfel der spanischen mystischen Prosa, so wie der heilige Johannes vom Kreuz den Gipfel der mystischen Lyrik. Ihre Gottesliebe drückt sie aus in der Sprache ihrer Zeit, spontan und zärtlich, gefühlvoll und volkstümlich, so formvollendet, daß es scheint, ein Engel habe ihr die Hand geführt."[46] Und Gerardo Diego, gleichermaßen bekannt als Dichter und Hispanist: „Das größte Wunder der heiligen Teresa ist sie selbst. Und für uns, die wir Jahrhunderte nach ihr geboren wurden, das Werk, in dem wir sie erkennen. Ich glaube, daß es keinen zweiten Fall von Zeugenschaft und schriftstellerischer Authentizität gibt wie den der heiligen Teresa, gerade weil sie unprofessionell schreibt, der höchsten Bestimmung gehorcht, und durch ihre menschliche Stimme ständig der Heilige Geist spricht. Die Zahl der ihr zu verdankenden Bekehrungen zum Glauben ist unnennbar. Die heilige Teresa ist unvergleichlich. Es gibt keinen Maßstab für sie, ebensowenig wie für einen Luis de León, einen San Juan de la Cruz, einen Cervantes. Die heilige Teresa schreibt nicht, wie sie spricht, sondern wie sie ist, sie schreibt in ihrer Ganzheit und Einheit."[47] Das wurde 1970 anläßlich Teresas Ernennung zur Kirchenlehrerin gesagt, nachdem Johannes vom Kreuz schon 1926 Kirchenlehrer der kontemplativen Glaubenspraxis wurde.

Wenn Teresa schreibt, wie es ihrem Wesen entspricht, so ist auch ein familiäres Sprechen erlaubt, wie wir es in ihren Briefen antreffen, die höchste Ansprüche an den Übersetzer stellen. Etwa 440 sind uns erhalten, rund 15000 hat sie geschrieben, so wurde aus ihrem täglichen Arbeitsplan errechnet. Diese Briefe sind das allerlebendigste Porträt des Menschen Teresa de Ahumada oder Teresa de Jesús. Auch umfassen sie theoretisch 36 Jahre, praktisch allerdings klafft zwischen dem ersten und zweiten Brief ein Zeitraum von 15 Jahren. Dafür können wir dann in den weiteren das Leben der Heiligen bis drei Wochen vor ihrem Tod begleiten. Die Datierung des Epistolariums war mühsam, denn Teresa gab zwar Tag und Monat an, aber niemals das Jahr. Schließlich kannte das ja der Empfänger. Der zweite Brief von 1561 befaßt sich mit der geplanten Gründung von San José in Avila, der letzte Brief – an eine Priorin in Soria – ist voller Einzelheiten von Küche bis Profeß, erwähnt aber auch weitere Gründungspläne. Eben das typisch teresianische „Auch in der Küche findet ihr den Herrn, der dort zwischen den Töpfen wandelt (Bild S. 67), um euch innerlich und äußerlich zu helfen" (F 5, 8). Teresa de Jesús, die sich um jeden Fragenden und Bittsteller kümmert, die ihren „Töchtern" und Mitschwestern Ratschläge gibt von Gebet bis Gerstenbrei.

Aber auch Teresa de Ahumada bleibt immer gegenwärtig. Nicht nur im zweiten Brief (1561) an ihren Bruder Lorenzo in Quito, der sich mit erfreulichen Geld- und Goldsendungen beliebt machte, sondern auch in allen weiteren, die sich mit Hauskauf, Preisen und Renten beschäftigen und oft klingen wie das Schreiben eines Immobilienmaklers oder eines Notars. Die Heilige kennt sich aus und kann vorzüglich rechnen, wobei sich notwendige Sparsamkeit und natürliche Großzügigkeit harmonisch verbinden. Teresa de Ahumada zeigt sich auch in der „selbstverständlichen" Überlegenheit der Ordensmutter, für die es ein klares Heilsschema gibt: Die Nonnen erreichen es durch Gebet, Tugend und asketisches Leben. Die Bürger durch ihren Beitrag zur wirtschaftlichen Erhaltung des Klosters. Die Gründerin, weil sie alle diese Seelenrettungen ermöglicht.[48] Das ist der schon erwähnte aufgeklärte Despotismus, menschenfreundlich ins Religiöse übertragen. Er wird jedoch gemäßigt und in Schach gehalten durch die im Laufe des Lebens immer unbedingtere Hingabe an Gottes Liebe und Gottes Willen, woraus sich das bei Teresa so sympathische „Wandeln in Wahrheit" ergibt, wie sie die Tugend der Demut charakterisiert.

Schließlich und nicht zuletzt beherrscht die vorzüglich erzogene Tochter eines Converso-Hidalgo alle gesellschaftlichen Formen. Sie bewegt sich in den Palästen spanischer Granden so sicher wie in den Kammern primitiver Herbergen, und sie beherrscht in ihren Briefen alle Formeln und Floskeln der Höflichkeit, je nach Stand und Rang der angeschriebenen Person. Teresa bleibt stets diplomatisch, auch im Zorn, denn eine intelligente Vornehmheit gehört zu ihrem Wesen. Allerdings kann sie sehr ironisch werden, besonders, wenn es sich um Ana de Jesús handelt (Bild S. 98), die sich zu einer Art Konkurrentin entwickelt und eine so gute Freundin des Johannes vom Kreuz ist.

Andererseits war Teresa von einer entwaffnenden Spontaneität und Offenheit, wenn es um das eigene tiefe Gefühl ging. Viele wichtige Briefe gingen durch die „Ordenskriege" und Verfolgungen durch Staat und Kirche verloren, z.B. ist nichts erhalten von dem Briefwechsel mit Johannes vom Kreuz, ein wahrer Jammer! Doch trugen dazu auch die Briefpartner bei, denn beide waren vorsichtig und vernichteten so manches kostbare Schriftstück, denn man lebte gefährlich in jener Zeit. Anders der unbekümmerte Jerónimo Gracián de la Madre de Dios, um dessen Leichtsinn sich die Heilige viele Sorgen machte. Nicht wegen der Inquisition, sondern wegen der internen Ordenskämpfe, deren Opfer dann zunächst doch die Symbolfigur Johannes vom Kreuz wurde, den man neun Monate in Toledo einsperrte und dann nach Andalusien verbannte. Teresa wurde für ihn brieflich bei König Philipp II. vorstellig (Bild S. 29). Ihre erhaltenen und an Pater Gracián gerichteten Briefe jedoch offenbaren so viel von den ganz privaten Gefühlen und auch dem listigen Humor der Heiligen, daß sie lange Zeit einer umfassenden Veröffentlichung des Epistolariums entgegenstanden. Erst 1658 versuchte man in Zaragoza eine kleine Edition, weitere Halbheiten folgten, bis endlich Pater Silverio de Santa Teresa OCD in Burgos 1922-24 das monumentale Werk von 440 Briefen und Fragmenten in zwei Bänden herauszugeben wagte. Hinzu kamen seine vorzüglich informativen Anmerkungen, ein neuer Schritt zur Kenntnis der Heiligen war damit getan.

Nun waren also die Perlen ihrer Briefe an Pater Gracián zugänglich, doch keiner wagte sich so recht daran.[49] Dabei handelt es sich um eine besondere Kostbarkeit, um das freimütige Geständnis der Liebe einer Sechzigerin ganz ohne Peinlichkeiten, eben auch in der Überlegenheit einer reifen Ordensmutter und Heiligen. Aber sie weiß, daß die Welt immer gleich das Schlimmste denkt, darum erfindet sie heitere Decknamen für den Briefwechsel. Gracián heißt Paulus oder Elisäus nach dem Jünger des fiktiven Ordensgründers Elija. Auch soll Elisäus – wie Gracián – schon in der Jugend kahlköpfig gewesen sein (Bild S. 91). Teresa selbst nennt sich Angela oder Lorencia. Die Inquisitoren sind „Engel“, die unbeschuhten Karmelitinnen „Schmetterlinge“. Selbst Jesus Christus bekommt einen Decknamen, ein Zeichen, daß es hier wirklich die Intimität des Seelischen zu wahren gilt. Sie nennt ihn Josef, wie auch ihre meisten Klöster. Im Gleichklang mit dem Tridentinum bringt sie mit ihrer Reform auch die Josefsverehrung in die Kirche ein. El Greco wird 1597 ein in der Geschichte der Malerei neuartiges Josefsbild malen (Bild S. 71) und Pater Gracián im gleichen Jahr 1597 ein Buch über den Adoptivvater Christi schreiben, das er der spanischen Infantin Isabel Clara Eugenia, Königin von Flandern, widmet, denn in Flandern verbrachte er seinen Lebensabend.

Teresa aber legte in der glücklichen Zeit beginnender Freundschaft ein Gehorsamsgelübde gegenüber Pater Gracián ab, so wie sie zur Zeit der ersten Gründung mit einem Vollkommenheitsgelübde ihre Beichtväter in Schwierigkeiten brachte. Jerónimo Gracián besaß Klugheit und Humor genug, die rechten Relationen zu wahren. Sich porträtieren lassen zu müssen wurde ihr z.B. zur gewünschten „Buße“ (Bild S. 93). Teresa wußte bei allem „Streben“ im Innersten nur allzu gut, daß „perfección“ nur aus der unwägbaren gottgeschenkten Liebe hervorgehen konnte.

Der Pater verwahrte die Briefe seiner „Mutter Teresa“ sehr sorgfältig, wußte er doch um ihre Kostbarkeit. Nach ihrem Tode und nach seiner Rückkehr aus der Gefangenschaft als Türkensklave[50] (Bild S. 108) schrieb er die „Diálogos sobre la muerte de la Madre Teresa de Jesús“, die „Dialoge über den Tod der Mutter Teresa de Jesús“, die auch Dialoge über ihr Leben waren, und er beschloß sie mit einem Kapitel über ihre Werke. Darin widerlegt er zunächst die in seiner Zeit gültige Meinung des Apostels Paulus, daß Frauen in der Öffentlichkeit zu schweigen hätten, durch Nennung zahlreicher großer Frauen aus der Antike und dem Mittelalter, die mit ihren Schriften die Welt bewegten. Sodann kommt er auf die Mutter Teresa zu sprechen und meint, an ihrer vorzüglichen „Vida“ störten nur ihre übertriebenen Sündenklagen (vgl. S. 11). Von den „Wohnungen der inneren Burg“ berichtet er, daß Teresa von ihrem Vorgesetzten (von ihm selbst) den Auftrag erhielt, sie zu schreiben, und zwar mit der Auflage, nicht so sehr, wie in den bisherigen Werken, die persönlichen Einzelheiten wiederzugeben, als vielmehr eine geschlossene und allgemeingültige Lehre aufzustellen. Kurz, er wirkte hier als vorzüglicher Redakteur, der wußte, wie die einmalige Begabung und Erfahrung der heiligen Teresa weiter zu entfalten waren. Dazu mußte die Autorin gebildet, aber nicht „gelehrt“ sein. Wurde man doch auch ein vorzüglicher Arzt weniger durch das Lesen vieler Bücher als vielmehr durch die Praxis, schreibt Gracián.

Ein großes Lob erhalten dann die Briefe, von denen er sagt: „Wenn man alle Briefe, die die Heilige Mutter Teresa de Jesús an verschiedene Personen schrieb, mit ihrer Lehre, ihren Ratschlägen und ihrer großen Frömmigkeit, die jeder beim Lesen dieser Briefe empfand, zu einem Bande vereinigen könnte, so ergäbe das eines der nützlichsten und erfreulichsten Bücher, die je geschrieben wurden. Gar sehr gefiel es unserem christlichen König Philipp II., wenn er einen Brief von ihr bekam, und nicht weniger freuten sich Doña Juana, die duchlauchtigste Prinzessin von Portugal, und ihre Exzellenzen, der Herzog und die Herzogin von Alba, an die sie häufig schrieb, so wie auch andere Personen, die ihre Briefe als eine lebendige Heilslehre bewahren. Ahmte sie doch den von ihr verehrten Apostel Paulus nach, indem sie ihre Klöster durch Briefe regierte, die sie regelmäßig an alle Priorinnen schrieb, aber auch an jedwede Nonne, die des Rates oder des Trostes bedurfte." Gracián erwähnt sodann die Briefe an Priester und Mönche im männlichen Ordenszweig, an alle Förderer in der Ordensprovinz, um mit dem Lobe zu schließen: „Sie feuerte sie an, gewann sie für ihre Pläne und hielt sie bei Laune; sie bewies allen gegenüber soviel Höflichkeit, Takt, Verständnis und Geist, daß ich in meinem Leben nur wenige Briefe gesehen habe, die den ihren vergleichbar wären. Ihre Handschrift war deutlich und angenehm zu lesen (Bild S. 77), schnell und flüssig, wie es sonst Advokatenschriften eigen ist. Und so viele Briefe mußte sie schreiben, daß es zwölf oder ein Uhr nachts wurde, bis sie sie versiegeln und versandbereit machen konnte."[51]

Pater Jerónimo Gracián wußte, wovon er sprach, hatte er doch zahllose Briefe – und gerade auch die letzten, nach deren Empfang er die Mutter nicht mehr sah – erhalten. Diese letzten Briefe sind erfüllt von den tieftraurigen Klagen einer Frau, die sich verlassen und einsam fühlt (Bild S. 105).

So wie andere Briefe an Priorinnen und Gründungshelfer manche Schärfe spüren lassen, wie sie aus Enttäuschung und schlechtem Befinden hervorgeht. Die Anstrengungen der Gründung von Burgos waren übermäßig gewesen. Und die Kongregation war groß geworden (die Erhebung zum eigenen Orden erlebte die Heilige nicht mehr), dadurch schwerer regierbar, wobei ihr Alter und die unbekannte, aber schwächende Krebserkrankung auch bei den „Untergebenen" zu mancher Unbotmäßigkeit führten. Im Aufstieg verbarg sich schon ein Niedergang (Bild S. 109). Daß aber dies nicht alles war, daß hier nicht nur ein Mensch litt, sondern auch eine Heilige starb, zeigen die „Cuentas de Conciencia", dieses Tagebuch der inneren Erfahrung, das auch vor den Inquisitoren die Wahrheit nicht scheute, weil diese Wahrheit von unendlicher Gottesliebe geprägt war.

Schon fast ein Jahr vor ihrem Sterben ist Teresa de Jesús ein neuer, ein endgültig gültiger Mensch geworden. Sie weiß es selbst am besten: „Die Seele hat ihre Eigensucht so vergessen, daß es scheint, als habe sie einen Teil ihres Seins schon verloren, in solcher Selbstvergessenheit lebt sie. Die Bußwerke und frommen Wünsche haben, so scheint mir, nicht mehr die frühere Kraft, und selbst, wenn sie groß sind, ist doch der schlichte Wunsch, nichts anderes zu tun als Gottes Willen, noch größer. Die bildhaften Visionen haben ganz aufgehört. Aber die bildlose unmittelbare Erkenntnisvision der Heiligen Dreifaltigkeit mit der Menschheit Christi ist zum Dauerzustand geworden. Mir ist, als lebte ich nur noch, um zu essen, zu schlafen und mir um nichts mehr Sorgen zu machen. Mich erfüllt nichts als grenzenlose Liebe zu diesem Gott, die, wie mir scheint, immer noch wächst, und die Sehnsucht, daß alle ihm dienen mögen. Nichts steht mehr in meiner Hand. So ist es fast immer, außer in Zeiten, in denen die schwere Krankheit mir sehr zusetzt. Denn manchmal will Gott, daß ich ganz ohne inneren Trost leide. Aber nie, auch nicht in einer ersten Regung, möchte mein Wille etwas anderes, als daß Gottes Wille geschehe. Diese Hingabe in mir hat solche Kraft, daß Tod und Leben bedeutungslos werden, ausgenommen die kurzen Augenblicke, in denen ich Gott schauen möchte. Aber dann wird das Bewußtsein der Gegenwart der drei göttlichen Personen so stark, daß alles Leiden der Gottesferne zurücktritt und nur noch der Wunsch bleibt, nach seinem Willen zu leben, ihm immer besser zu dienen und ihm, wenn möglich, eine weitere Seele zu gewinnen, die ihn durch meine Vermittlung liebt und preist. Dieses, auch wenn mir dafür nur wenig Zeit gegeben ist, bedeutet mir mehr als alle Herrlichkeit des ewigen Lebens" (CC 66).[52]

Teresa stellt hier aus ihrer Lebenspraxis heraus die Sinnfrage. Und wie sie als Kind erschauerte vor der Bedeutung des Wortes „ewig", lautet nun ihre Antwort: Unser Leben ist geborgen in der alles überragenden Wirklicheit Gottes (Bild S. 109).

Anmerkungen mit Quellennachweis

1 Fray Luis de León, Carta-Dedicatoria a las Madres Priora Ana de Jesús y Religiosas Carmelitas Descalzas del Monasterio de Madrid, in: Obras completas castellanas de Fray Luis de León T. 1, Biblioteca de Autores Cristianos, Madrid 1957, S. 904 f.

2 Fray Luis de León, De la vida, muerte, virtudes y milagros de la Santa Madre Teresa de Jesús. Ebda. S. 920. Erstveröffentlichung 1883 in Revista Agustiana.

3 Vgl. Rosa Rossi, Teresa de Jesús, Biografía de una escritora, Madrid 1984, S. 11-16.

4 Cuentas de Conciencia Nr. 53. Teresa schrieb diesen Erfahrungsbericht in dritter Person, weil es sich um ein juristisches Dokument handelte.

5 Vgl. Teófanes Egido, El linaje judeoconverso de Santa Teresa (Pleito de hidalguía de los Cepeda), Madrid 1986. Der Prozeß und damit die Abstammung der Teresa wurden zuerst bekannt gemacht durch Alonso Cortés in „Boletín de la Real Academia Española" 25, 1946.

6 Vgl. E. de la Madre de Dios und O. Steggink, Tiempo y vida de Santa Teresa, Biblioteca de Autores Cristianos 1978, S. 21 f.

7 Américo Castro, Spanien, Vision und Wirklichkeit. Köln/Berlin 1957, S. 543.

8 Ebda.

9 Guzmán de Alfarache I, 2, 4 und II 1, 1.

10 A. Castro, a. a. O. S. 546 f.

11 Vgl. u. a. Cta. 308 vom 1. 2. 1580.

12 Prof. A. Senra Varela, „La enfermedad de Teresa de Jesús" in: Revista de Espiritualidad 41, 1982, S. 601-612. Professor Dr. Senra Varela hat den Lehrstuhl für Allgemeine Pathologie und klinische Propädeutik an der Universität Cádiz inne.

13 „Abecedarium" war damals eine beliebte formgebende Gattung. Osuna dichtete für jede Überschrift seiner Kapitel einen Zweizeiler, ein Distichon, dessen jeweiliger Anfangsbuchstabe dem Alphabet folgte.

14 Francisco de Osuna, Tercer Abecedario espiritual, Ed. M. Andrés, Biblioteca de Autores Cristianos, Madrid 1972, Tr. XXI.

15 Smet/Dobhan, Die Karmeliten, Eine Geschichte der Brüder U.L. Frau vom Berge Karmel. Von den Anfängen (ca 1200) bis zum Konzil von Trient. Freiburg 1980.

16 Vgl. E. Lorenz, Wort im Schweigen. Vom Wesen christlicher Kontemplation, Freiburg 1993.

17 Vgl. A. Castro, a. a. O., S. 567.

18 Vgl. D. Deneuville, Santa Teresa de Jesús y la mujer, Barcelona 1966 und vor allem J. M. Fernández, „Un análisis sociológico de las relaciones personales" in Cinco Ensayos (Fernández, González, Roman, Sampietro), Madrid 1984, S. 95-149.

19 Tomás de la Cruz (Álvarez), Santa Teresa de Jesús, Camino de perfección, 2 Bände mit Faksimile-Reproduktion des Autographs von Valladolid, Vatikan 1965, Introducción S. 67 f.

20 Vgl. D. Deneuville, a. a. O., S. 167.

21 Vgl. R. Rossi, a. a. O., S. 17 f.

22 Wortlaut der Rede in: E. Lorenz, Ein Pfad im Wegelosen, Freiburg 1986, S. 89–93.

23 R. Rossi, a. a. O., S. 83.

24 Teresa berichtet: Er war so gut, daß ich sehr viel mehr von ihm lernen konnte als er von mir. Dennoch tat ich es nicht, sondern sagte ihm, wie er bei den Schwestern vorgehen müsse" (F 13,5). Es ist auch überliefert, daß sie ihm später in Avila nach der Beichte ohne Umschweife erklärte, daß sie ihn liebe – und daß er antwortete: „Bessern Sie sich!" Johannes, der feinfühlige Dichter, war nicht ohne Humor.

25 Vgl. W. Herbstrith, Teresa von Avila, München 1993, S. 187.

26 Vgl. E. Lorenz, Licht der Nacht. Johannes vom Kreuz erzählt sein Leben, Freiburg 2/1992.

27 Graciáns Vater Diego Gracián de Alderete war ein berühmter Humanist. Er beherrschte die Fremdsprachen Latein, Griechisch, Arabisch, Französisch, Deutsch und Englisch. Er arbeitete als Sekretär und Übersetzer am Hofe Karls V. (spanisch Carlos I.). Jerónimos Bruder Lucas war Bibliothekar am Escorial und möglicherweise der schöne Melancholische auf Gemälden El Grecos.

[28] Vgl. E. Lorenz, Nicht alle Nonnen dürfen das – Teresa von Avila und P. Gracián, die Geschichte einer Begegnung, Freiburg 3/1988.

[29] Vida de la Madre Teresa, Ed. 1886, S. 17-18. 1. Ed. Madrid 1587 und Zaragoza 1606: Vida, virtudes y milagros de la Bienaventurada Virgen Teresa de Jesús, usw.

[30] Wörtlich: destreza para despachar negocios.

[31] Ebda. T. 2, S. 193-194.

[32] Vgl. die konsequente Biographie von R. Rossi, „Teresa von Avila, Biografía de una escritora", a. a. O., die das Leben der Heiligen nach Schriften gliedert.

[33] D. de Yepes OSH, a. a. O., S. 9 u. 195.

[34] I. Bengoechea, Las Gentes de Teresa, Madrid 1982, S. 152.

[35] In „Ecclesia" 28, Madrid 1968, S. 19.

[36] W. Herbstrith OCD (Hrsg.), Edith Stein, Ein neues Lebensbild in Zeugnissen und Selbstzeugnissen, Freiburg 1983, S. 33.

[37] A Castro, a. a. O., S. 553.

[38] In: Obras completas de Santa Teresa, a. a. O., S. 191.

[39] Azorín (Pseudonym für J. Martínez Ruiz), Obras completas, T. 8, Los clásicos redivivos, 1945, S. 47-49.

[40] Vgl. A. Rüegg, Philipp II., Antonio Pérez und die Fürstin Éboli, Basel 1965.

[41] Wörtlich: ihr Leben beendet. Vgl. auch CV 26, 4.

[42] Das Gedicht des Cervantes enthält u. a. die Strophen:

Zwar in Avila geboren,
kamst in Alba du ins Leben,
das im Sterben wird gegeben
jenen, die sich Gott erkoren.

Stiegst du, Mutter, in dem reinen
Albaglanz ins ewig Schöne,
wirst du uns auch nicht verneinen
Liebe, die uns Gott versöhne.

Deine Demut, viel besungen,
hat den Himmel dir errungen,
und da Demut alles kann,
ziehst uns Armen du hinan!

[43] Vgl. H. Hatzfeld, Estudios literarios sobre mística española, Madrid 1955, S. 297-305.

[44] Z. B.: „Verwundet bist du vom Serafin, Teresa. Lauf, weiß-braune Hindin, zum Wasser! Denn der Lebensquell, der dich erwartet, ist Feuer auch und hört nicht auf zu brennen."

[45] Fernández, Cinco Ensayos, a. a. O., S. 145.

[46] In: Bengoechea, a. a. O., S. 134.

[47] In: „Estafeta Literaria" 13, 10, 1970, S. 6-7

[48] Vgl. Fernández, Cinco Ensayos, a. a. O., S. 119.

[49] Noch mein Buch „Nicht alle Nonnen dürfen das – Teresa von Avila und Pater Gracián, die Geschichte einer großen Begegnung", Freiburg 1983, 1985 und 1988, wurde vielfach, zumindest in Ordenskreisen, als Schock empfunden.

[50] Vgl. E. Lorenz, Ein Karmelit als Türkensklave, in „Geist und Leben" Dez. 1982.

[51] P. Jerónimo Gracián de la Madre de Dios, Diálogos sobre la muerte de la Madre Teresa de Jesús, Burgos 1913, S. 164 f.

[52] Teresa von Avila wurde übersetzt aus: „Santa Teresa de Jesús, Obras completas, Hrg. Efrén de la Madre de Dios und Otger Steggink, 6/1979. Die zitierten Werke wurden mit folgenden Abkürzungen angegeben:

C = Camino de perfección, Weg der Vollkommenheit, Ms Valladolid.(Bei Ms Escorial = CE)
CC= Cuentas de Conciencia, Berichte innerer Erfahrung.
Ct = Carta, Brief.
F = Libro de las Fundaciones, Buch der Klostergründungen.
M= Moradas del castillo interior, Die Wohnungen der inneren Burg.
MC = Meditaciones sobre los Cantares, Meditationen über das Hohelied.
V = Vida, Leben, die Autobiographie.

Ein Leben in Bildern und Texten

Toledo, das „spanische Rom", in dem alle Phasen der spanischen Geschichte ihre Spuren hinterließen, war durch seine zentrale Lage und seinen festungsartigen Charakter – ein auf drei Seiten vom Tajo umflossenes Felsplateau – der bevorzugte Platz für gotische, arabische und kastilische Herrscher. Und als zwischen dem 11. und 13. Jahrhundert die muslimischen Almohaden die Juden aus Nordafrika und Andalusien vertrieben, die sich nach der Zerstörung Jerusalems dort angesiedelt hatten, wurde es das neue jüdische „Jersusalem".
Das friedliche Zusammenleben der Kulturen mit großer Übersetzerschule, in das 1391-1415 schon einmal Judenpogrome mit Zwangskonversionen eingegriffen hatten, wurde durch die Katholischen Könige und ihre Inquisition endgültig gestört. Sie richtete sich zuerst gegen die jüdischen „conversos", die den christlichen Glauben nur annahmen, um nicht ausgewiesen zu werden. Zu solchen Scheinkonvertiten gehörte Teresas Großvater Juan Sánchez, ein reicher Tuchhändler, der wieder seinen jüdischen Glauben praktizierte. Die Inquisition bedrohte ihn, und er mußte an sieben Freitagen hintereinander als Büßer im berüchtigten Büßerhemd, dem „sambenito", durch die Straßen ziehen. Als dann der Sambenito in der Kathedrale mit dem Namen des Büßers aufgehängt wurde, zog Juan Sánchez es vor, seinen Wohnsitz nach Avila zu verlegen. Seine Kinder, darunter Teresas damals fünfjähriger Vater Alonso Sánchez de Cepeda, wurden christlich erzogen.

Blick auf Toledo.
Gemälde von El Greco
(Domenikos Theotokopoulos), 1541-1614.
Metropolitan Museum of Art, New York

Über den „sambenito“ schreibt ein berühmtes spanisches Lexikon aus dem Jahre 1611:
„Sambenito – Kennzeichen der Heiligen Inquisition, das Brust und Rücken des wieder aufgenommenen Büßers bedeckt. Es ist die Abkürzung für „saco benedicto“ (gesegnetes Büßerhemd). Zum Verständnis muß man wissen, daß in der frühen Kirche die öffentliche Buße üblich war. Man stellte sich in einem Büßerhemd oder Bußkleid an die Kirchentür, um hier den Segen des Bischofs oder Priesters zu empfangen, und man zeigte sich dort, bis man seine Buße erfüllt und die Absolution empfangen hatte, wozu auch die Wiederaufnahme durch die Gemeinde gehörte. Davon behielt die Heilige Inquisition diese Büßerhemden. Und zwar mit dem Gedanken, daß das, was in den Augen der Welt Schimpf und Schande war, jenen, die den Spott der Menge in Geduld ertrugen, große Verdienste bei Gott erwerben konnte.“
(Covarrubias, Tesoro de la lengua castellana o española, Madrid, 1611).

Bild oben: Darstellung eines Ketzers im Büßerhemd
Bild rechts: Spanische Inquisition.
Von Franz Hogenberg.
Gezeigt sind verschiedene Szenen eines
Autodafés in Valladolid im Jahr 1559.

HISPANISSCHE
INQVISITION

Avila, „die Stadt der Ritter und Heiligen“ oder, nach dem Wortspiel einer kastilischen Königin, „de Santos y Cantos“, der Heiligen und Steine, scheint mit ihrer Lage auf 1127 m Höhe und dem verklärenden Licht der kastilischen Hochebene wirklich dem Himmel näher. Aber das Visionärste, das Unwahrscheinliche ist zugleich das Festeste: seine die Stadt umschließende Mauer mit ihren 88 Türmen und neun Toren. Es gab schon römische Mauern in vorchristlicher Zeit, und die Stadt hieß Avela, oder, wie Ptolemäus schrieb, Abula, weshalb man die Bürger noch heute die Abulenses nennt. Christliche Westgoten und maurische Eroberer gestalteten weiter das wechselvolle Stadtbild, bis König Alfonso VI. von Kastilien die heutige Mauer erbauen ließ, die 1099 vollendet war. Bald darauf wurde „Ávila, caballeros“ zum christlichen Schlachtruf im Kampf gegen die Muslime, woraus dann das Wort von „Ávila de los caballeros“ wurde.

Als Teresas Großvater nach Avila umzog, lebten dort jüdische Kaufleute, die, wie bisher Juan Sánchez in Toledo, im Textilhandel tätig waren. Aber da nun nach den inquisitorischen Schwierigkeiten die Familie Sánchez de Cepeda wie christlicher Adel erscheinen wollte und mußte, gab der Großvater den Handel auf und widmete sich Geldgeschäften, was auch dem christlichen Adel erlaubt war, weil sie nicht nach „Arbeit“ aussahen. Denn Arbeit hielt man nach dem damaligen spanischen Ehrenkodex für einen Fluch und überließ sie den „Ungläubigen“, deren Verfolgung man sich im Grunde nicht leisten konnte, sich aber doch, zum Nachteil der Wirtschaft, leistete. Teresas Vater, der als Hidalgo von „Renten leben“ und Reichtum vorspiegeln mußte, starb zum Kummer der Heiligen total verarmt, bankrott, wie wir heute sagen würden. Zum Trost erteilte sie ihm Unterricht im Beten.

Blick auf die Mauern von Avila.

Pater Magister Jerónimo Gracián de la Madre de Dios, der nach dem Tode der Mutter Teresa durch Mißgunst und Intrigen aus dem Orden geworfen wurde, schrieb später in Flandern zahlreiche Bücher, die immer wieder um das Erlebnis „Teresa de Jesús" kreisen. So erinnert er sich sehnsüchtig:

„Die schöne Teresa wurde verschönt und bereichert durch ihre Demut und ihr Streben nach Vollkommenheit. Sie war von solcher Schönheit des Gemüts und Charakters, so freundlich, sanft und anmutig, daß sie alle nach sich zog, mit denen sie umging, weil sie sie liebten und schätzten. Sie fühlte sich abgestoßen von den rauhen und übertriebenen Gewohnheiten, die einige Heilige zutage legen, womit sie sich selbst und anderen verabscheuungswürdig werden.

Unsere Teresa war wohlgefällig vor Gott, den Engeln, den Heiligen und allen Menschen, die sie kannten. Sie erlangte von Gott allen Segen des Himmels und der Erde, denn der Herr gab ihr gute natürliche Gaben, Segnungen der Erde, und übernatürliche Gnaden und Talente, Segnungen des Himmels." (Predigt in Obras del P. Jerónimo Gracián, Bd. II, Burgos 1933, S. 499 und 493).

Teresa von Avila.
Detail eines Freskos aus dem 17. Jahrhundert im Kloster Pastrana.

Teresa vergleicht den mystischen Prozeß mit der Bewässerung eines Gartens:
„Ich möchte ein Gleichnis benutzen, wenn ich auch nicht mehr weiß, woher ich es habe. Wer mit dem geistlichen Leben beginnt, ist wie jemand, der einen Garten anlegen will, damit sich der Herr darin ergehen kann. Sein Grundstück ist wild und voller Unkraut. Seine Majestät selbst rodet es und setzt schöne Pflanzen ein. Dann aber müssen wir uns bemühen, mit der Hilfe Gottes selbst gute Gärtner zu werden und die Pflanzen regelmäßig begießen, damit sie nicht vertrocknen, sondern wachsen, blühen und herrlich duften, damit sich unser Herr daran erfreue. So wird er oft in unseren Garten kommen und sich zwischen den Blumen der Tugend ergehen.
Überlegen wir nun, wie wir den Garten bewässern können. Ich meine, da gibt es vier Arten: Erstens kann man das Wasser in einem Gefäß selbst aus dem Brunnen emporziehen, was eine große Mühe ist. Zweitens kann man sich eines Schöpfrades bedienen, wie ich es manchmal tat; das ist schon weniger anstrengend, und man hat mehr Wasser. Drittens kann man es aus einem Fluß oder Bach ableiten; das ist sehr viel wirkungsvoller, denn die Erde wird besser durchtränkt, und man muß nicht zu häufig bewässern, so daß dem Gärtner viel Arbeit abgenommen ist. Viertens, wir müssen überhaupt nichts mehr tun, weil der Herr es kräftig regnen läßt; und das ist unvergleichlich viel besser als alles Vorhergenannte" (V 11, 6-7).

Spanischer Ziehbrunnen.

Das Elternhaus der heiligen Teresa, die einstige Münze am Rande des Judenviertels, wurde schon im 17. Jahrhundert abgerissen. An seiner Stelle erbaute man eine barocke Klosterkirche mit Museum, genannt „La Santa". Von dort blickt man über die heutige Plaza de Santa Teresa und das Stadttor, durch das einst die siebenjährige Teresa mit ihrem kleinen Bruder Rodrigo auszog, „um im Maurenland den Märtyrertod zu finden". Auf der rechten Seite der etwa Mitte des 16. Jahrhunderts erbaute Palast des Blasco Nuñez de Vela, Ratsherr und schließlich Vizekönig von Perú. (Vgl. Text zu Bild S. 45).

Die heilige Teresa schreibt im ersten Kapitel ihrer Autobiographie:
„Von meinen Brüdern liebte ich am meisten den, der fast so alt war wie ich. Wir lasen zusammen Heiligenleben. Als ich sah, durch welches Martyrium die Heiligen für Gott gingen, schien es mir, daß sie sich Gottes Herrlichkeit günstig erkauften. Deshalb wollte ich auch so sterben. Also nicht aus Liebe, sondern um bald die großen Güter genießen zu können, die es, wie ich las, im Himmel geben soll. Ich besprach mich darum mit meinem Bruder, was wir tun könnten. Und wir kamen überein, daß wir ins Maurenland ziehen wollten, um uns dort den Kopf abschlagen zu lassen. Und ich meine, daß uns in diesem zarten Alter der Herr genug Mut für dieses Unterfangen gab, hätten wir nur gewußt, wie wir es ins Werk setzen sollten. Als größtes Hindernis erschien uns die Tatsache, daß wir Eltern hatten. – Als ich sah, daß es unmöglich war, dorthin zu gehen, wo man mich für Gott umbringen würde, verschrieben wir uns dem Einsiedlerspiel“ (V 1, 5-6).
Was die Heilige hier offenläßt, haben später die Biographen als wirklich dargestellt, kaum ein Ereignis aus dem Leben der Teresa hat so viel Interesse und Ausschmückung gefunden. Ribera schildert, wie ein Onkel der Kinder sich aufs Pferd schwang und sie auf der Brücke über den Fluß Adaja erwischte, die sie nach dem Verlassen der Ringmauer notwendig überqueren mußten.
Doch auch Pater Gracián notierte am Rande der Riberabiographie, er habe von diesem Abenteuer aus dem Munde der Mutter Teresa selbst gehört.

Teresa zieht mit ihrem Bruder Rodrigo ins Maurenland.
Gemälde aus dem 18. Jahrhundert in La Santa, Avila.

„Ich erinnere mich, daß ich noch nicht ganz zwölf Jahre alt war, als meine Mutter starb. (Teresa war im Dezember 1528 fast vierzehn, d. V.). Als ich zu begreifen begann, was ich verloren hatte, ging ich betrübt zu einem Bild unserer Lieben Frau und flehte sie unter vielen Tränen an, mir Mutter zu sein. Und wenn das auch in Einfalt geschah, hat es mir doch geholfen" (V 1, 7).
Es versteht sich nach dieser Vorgeschichte fast von selbst, daß sich Teresa einen marianischen Orden auswählte. In den Einsiedeleien des Karmelgebirges verehrte man neben dem dieser Örtlichkeit verbundenen Propheten Elija die Muttergottes, deren Kapelle das Herzstück der später zum Orden sich zusammenschließenden Gemeinschaft bildete.
Ein Visionsbericht von 1562, zur Zeit der Gründung des Klosters San José in Avila: „Die Schönheit, die ich an Unserer Lieben Frau wahrnahm, war außerordentlich. Wenn ich auch Einzelheiten ihrer Züge nicht unterscheiden konnte, sah ich doch die Bildung ihres Antlitzes als Ganzes. Sie war weiß gekleidet mit einem höchsten, jedoch nicht blendenden, sondern sanften Glanz. Auch der heilige Joseph war da, doch sah ich ihn weniger deutlich, sprach ich doch auch schon von den Visionen, in denen man nichts sieht. Unsere Herrin schien mir fast kindlich jung" (V 33, 14).

Kopf der Muttergottes.
Detail aus dem Bild „Die Heilige Familie mit der heiligen Anna".
Gemälde von El Greco, Toledo.

Das im Geburtsjahr Teresas aus einem Beaterium hervorgegangene Menschwerdungskloster lag außerhalb der Stadt und war ein weiträumiger Renaissancebau mit großen Innenhöfen und Gärten. Die Nonnen lebten nach der gemilderten Regel von 1453: Sie trugen Schuhe, kleideten sich in angenehme Stoffe, besaßen persönliche Dinge und zahlten, wenn sie reich waren, für eine bequeme und wohnliche Zelle. Sie durften auch Dienstboten haben. Mit Genehmigung der Oberen konnten sie ausgehen, denn sie hatten kein Klausurgelübde abgelegt, und man verweigerte ihnen den Ausgang nicht, damit das Kloster einige Esser weniger habe. Denn es war damals nicht leicht, 180 Schwestern zu ernähren. Und schließlich auch empfing man selbst im Kloster Besuche, so daß es im Sprechzimmer meist lebhaft zuging. (Vgl. R. Rossi, a. a. O. S. 37).
Teresa erzählt von dem Morgen, an dem sie heimlich, von einem Bruder begleitet, zum Kloster aufbrach: „Ich weiß noch genau, und es ist wahr, daß, als ich mein Vaterhaus verließ, mir Sterben nicht schlimmer erschien als der Schmerz, den ich fühlte. Jeder Knochen schien sich von mir trennen zu wollen. Denn da ich ja keine Gottesliebe besaß, die mich hätte freimachen können von der Liebe zum Vater und den Verwandten, mußte ich mich derart zwingen, daß ohne die Hilfe des Herrn meine innere Verfassung nicht zum Weitergehen gereicht hätte. Sobald ich dann aber den Habit anlegte, gab mir der Herr zu verstehen, wie gnädig er denen ist, die sich selbst überwinden, um ihm zu dienen. Augenblicklich durchströmte mich eine große Freude, die mich bis heute nicht verließ“ (V 4, 1-2).

Darstellungen des Convento de Nuestro Señora de la Encarnatión (Menschwerdungskloster) in Avila. Außenansicht und Patio.

„Die Seele war mir schon müde geworden, aber mein oberflächliches Leben ließ sie nicht zur Ruhe kommen. Da geschah es, als ich eines Tages das Oratorium betrat, daß ich ein Bildnis erblickte, das man in Erwartung eines bestimmten Festes dorthin gebracht hatte. Es war ein wundenbedeckter Christus, so ausdrucksvoll und ergreifend, daß mir sein Anblick die Seele erschütterte, denn man sah, was er für uns gelitten hatte. Ich empfand den Schmerz seiner Wunden derart, daß es mir fast das Herz brach. Da warf ich mich tränenüberströmt vor ihm nieder und flehte ihn an, daß er mir Kraft gebe, ihn nie mehr zu verletzen.
Ich verehrte schon immer die heilige Maria Magdalena und hatte oft über ihre Bekehrung nachgedacht, besonders bei der Kommunion. Ich stellte mir dann vor, daß ja nun gewiß der Herr in mir sei, und so warf ich mich ihm innerlich zu Füßen in der Meinung, er könne meine Tränen nicht von sich weisen.
Aber dieses eine Mal, von dem ich erzähle, vor diesem Bild, schien mir die innere Wirkung größer zu sein, denn ich setzte mein Vertrauen nicht mehr in mich, sondern in Gott. Ich glaube allerdings, ich sagte ihm, ich würde mich nicht wieder erheben, wenn er mein Flehen nicht erhöre. Und ich bin sicher, daß mir das half, denn von diesem Augenblick an ging es rasch aufwärts mit mir" (V 9, 1-3).

Leidender Christus.
Statue im Menschwerdungskloster, Avila.

Santa Teresa de Jesús über San Juan de la Cruz:
„Wenn er auch klein ist, ist er doch groß in den Augen Gottes. Er ist verständig und für unsere Lebensweise geeignet, weshalb ich glaube, daß er von unserem Herrn dazu berufen ist. Es gibt keinen Bruder, der nicht gut von ihm spräche, denn er lebt immer ein Leben der Buße. Es scheint aber auch, daß wirklich der Herr ihn leitet. Denn wenn ich mich auch hier bei den Verhandlungen manchmal über ihn ärgerte, gab ich doch selbst den Anlaß dazu, während wir an ihm niemals eine Unvollkommenheit bemerkten. Und er hat Mut“ (Cta 10, 2).
„Er war ein so guter Mensch, daß zumindest ich mehr von ihm lernen konnte als er von mir. Dennoch tat ich es nicht, sondern beschränkte mich darauf, ihm die Lebensweise der Schwestern darzulegen“ (F 10, 5).

Johannes vom Kreuz (1542-1591).
Stich von Adrien Melaer (17. Jahrhundert) nach einer authentischen Kamee im Kloster von Troyes.

Deus, vitam meam annunciavi

Im Oktober 1571 mußte Teresa zurück in das Menschwerdungskloster. Sie sollte das Priorat übernehmen, um auch dieses viel zu große Kloster zu reformieren. Einige der Nonnen leisteten Widerstand, und Teresa brauchte einen erstklassigen geistlichen Führer. Darum holte sie sich im Mai 1572 Johannes vom Kreuz, der dort blieb, bis man ihn 1577 dramatisch nach Toledo entführte und einsperrte. Teresa war in diesen Jahren überwiegend auf Reisen. Aber am Sonntag Trinitatis des Jahres 1573 trafen sich beide zu einem wesentlichen Gespräch über die Heilige Dreifaltigkeit, Teresa auf der Klosterseite, Johannes auf der Besucherseite des strengen Sprechgitters. Teresa hatte in ihren Trinitätsvisionen den Beginn der Unio mystica erlebt, für Johannes war die Dreifaltigkeit, wie er einmal scherzhaft äußerte, „der größte Heilige des Himmels“. Beide begeisterten sich in ihrem Gespräch so sehr, daß eine den Raum betretende Schwester, Beatriz de Cepeda y Ocampo, von einer vermutlichen Levitation des Johannes berichtete. Später hieß es, er sei mitsamt seinem Sessel zur Decke geschwebt. Schließlich soll sich auch Teresa gleichzeitig „erhoben“ haben, man hatte ja dieses mystische Phänomen mehrfach bei ihr beobachtet. Selbst ein so mißtrauischer Theologe wie Magister Domingo Bañez O.P. bezeugte es in seiner Predigt anläßlich der Trauerfeier für Teresa. (Beatriz de Jesús, in: Akten zur Seligsprechung, Ms 12738, fol. 985; und P. Alonso, Ms 19404, fol. 180. Báñez in: Zeugnis der Isabel de Jesús [Jimena], Biblioteca Mística Carmelitana Bd. 20, Burgos 1935).

Bild oben: Teresa und Johannes vom Kreuz in einer Darstellung von Franciscus Zucchi. Parma, 1891.
Bild rechts: Das gleiche Sprechgitter im Menschwerdungskloster, Avila.

„Es war im zweiten Jahr meines Priorats im Menschwerdungskloster, eine Woche nach dem St. Martinstag. Als ich zur Heiligen Kommunion ging, zerbrach der Pater Johannes vom Kreuz die Hostie und teilte sie zwischen mir und einer anderen Schwester. Ich dachte, er tue das nicht aus Mangel an Hostien, sondern um mich zu erziehen, denn ich hatte ihm erzählt, wie gern ich möglichst große Hostien erhielt, obwohl mir natürlich klar war, daß ich immer den ganzen Herrn empfing, selbst in dem kleinsten Stück. Da sagte seine Majestät zu mir: ‚Fürchte dich nicht, Tochter, niemand vermag dich von mir zu trennen.' Damit gab er mir zu verstehen, daß ich mir nichts aus der Teilung der Hostie machen solle.
Und dann ließ er mich, wie schon öfter, ganz tief im Innern eine bildhafte Vision erfahren: Er reichte mir seine rechte Hand und sprach: ‚Sieh in meiner Hand den Nagel. Er ist das Zeichen, daß ich mich heute mit dir vermähle. Bis jetzt hattest du es noch nicht verdient. Von nun an aber bin ich nicht nur dein Schöpfer, dein Gott und dein König, zu dessen Ehre du lebst, sondern du bist nun meine wahre, mir angetraute Gemahlin. Meine Ehre ist deine Ehre und deine Ehre ist meine Ehre.'
Diese Gnade tat eine solche Wirkung in mir, daß ich völlig außer mir und wie von Sinnen war und ihn bat, er möge entweder meine Niedrigkeit erheben oder mir nicht eine solche Gnade erweisen. Denn ich hatte das sichere Gefühl, daß meine natürlichen Kräfte dem nicht gewachsen waren. Ich blieb so den ganzen Tag in tiefer Versunkenheit, wie abwesend. Hinterher spürte ich dann, welch ein Geschenk ich empfangen hatte, aber noch größer waren meine Verwirrung und Betrübnis, weil ich doch sehe, daß ich so großen Gnaden in keiner Weise zu entsprechen vermag" (CC 25, Avila den 18. November 1572).

Christus übergibt Teresa einen Kreuznagel. Gemälde aus dem 18. Jahrhundert in La Santa, Avila.

SUBES DE
AESPOSA POR
YA ES THERES
REPITAS LA
QVE SIGNIFICA

Die Herzdurchbohrung, „Transverberation“, ist ein bekanntes mystisches Phänomen. Schon Kirchenvater Augustinus sprach von den „Pfeilen Gottes“, die „die Herzen durchbohren und in Liebe entzünden“ (zu Psalm 119). Arnobius der Jünger nannte Christus „unseren Amor“, der uns mit seinen „scharfen Pfeilen entflammt“ (zu Psalm 44). Teresa erwähnt die Erscheinung mehrfach. Ihre Schilderung im 29. Kapitel der Autobiographie („Vida“) wurde berühmt durch Berninis Skulptur in der römischen Kirche Santa Maria della Vittoria:
„Der Herr wollte, daß ich folgende Vision hatte: Ich sah einen Engel ganz leibhaftig zu meiner Linken. Er war nicht groß, sondern klein und sehr schön. Sein Antlitz war so entflammt, daß es dem sehr hoher Engel glich, die alle ganz feurig scheinen, man nennt sie wohl Cherubim (gemeint sind Seraphim, d. V.). In den Händen des Engels sah ich einen langen goldenen Wurfpfeil, dessen Eisenspitze ein wenig zu brennen schien. Ich hatte das Gefühl, daß er mir mehrmals ins Herz stieß, so daß er mich durchbohrte. Beim Herausziehen schien er mein Innerstes mitzunehmen, und er ließ mich ganz entflammt in großer Gottesliebe zurück. So gewaltig war der Schmerz, daß er mir ein Stöhnen entlockte, und so unsäglich seine Süße, daß man weder wünscht, er möge enden, noch die Seele sich mit weniger als Gott begnügen möchte“ (V 29, 13).

Die Herzdurchbohrung Teresas.
Altargruppe von Lorenzo Bernini (1646).
Santa Maria della Vittoria, Rom.

Teresa: „Weder Gott noch die Welt machten mich glücklich. Mitten im weltlichen Vergnügen fiel mir ein, was ich Gott schuldete, und betrübte mich. War ich innerlich bei Gott, so beunruhigten mich die weltlichen Neigungen. Ich weiß nicht, wie ich einen so mühsamen Krieg länger als einen Monat, ja, sogar viele Jahre aushalten konnte“ (V 8, 2).
Gracián: „Der Herr fügte es, daß seine Dienerin sehr demütig war. Sie war auch ängstlich, besaß so wenig Selbstvertrauen und Glauben an ihre große Begabung, wie ich es sonst bei keinem meiner weiblichen Beichtkinder gefunden habe. So wurde es möglich, daß sie über ihre ungewöhnlichen mystischen Erfahrungen schreiben konnte in einer Zeit, in der in Spanien sonst keine sich täuschende Frau, die von solchen Dingen berichtete, der Verfolgung durch die Inquisition entging. Hinzu kam, daß sie sich anfangs mit Beichtvätern beriet, die diesbezüglich zu den ängstlichsten und ungläubigsten gehörten, die ich kannte. So kam es, daß weder die Mutter noch ihre Beichtväter sich sicher fühlten in der Beurteilung dieser geistigen Erfahrungen und aus Furcht vor Täuschungen den Rat möglichst vieler Gelehrter und großer Gebetserfahrener suchten.“ (Obras del P. Jerónimo Gracián de la Madre de Dios, Dilucidario, Bd. I, Burgos 1931, Seite 9-11).

Teresa von Avila.
Anonymes Porträt aus dem 17. Jahrhundert.
Real Academia de la Lengua, Madrid.

Die spanische Inquisition war wegen der in Teresas Autobiographie geschilderten visionären Erfahrungen mißtrauisch geworden. Als sich die Reformerin 1576 in Sevilla aufhielt, wurden dort drei Jesuiten beauftragt, sie zu überprüfen. Teresa wandte sich an den strengsten unter ihnen, Pater Rodrigo Álvarez, und begann ihren wegen seines juristischen Charakters in dritter Person verfaßten Bericht folgendermaßen:
„Diese Nonne, die vor vierzig Jahren ins Kloster ging, richtete vom ersten Jahr an ihre Gedanken auf die Geheimnisse der Passion des Herrn und auf ihre Sünden. Niemals aber dachte sie an etwas Übernatürliches, sondern im Gegenteil an die Vergänglichkeit, die sich in Dingen und Lebewesen kundtut. Solchen Betrachtungen widmete sie sich täglich, ohne daß es ihr in den Sinn kam, Größeres zu wollen. Denn nach ihrer Selbsteinschätzung verdiente sie nicht einmal, an Gott zu denken. So verbrachte sie zweiundzwanzig Jahre in großer Trockenheit, las allerdings gute Bücher. Als etwa achtzehn Jahre vergangen waren, begann sie sich um die erste Klostergründung für unbeschuhte Karmelitinnen in Avila zu bemühen. Drei Jahre zuvor meinte sie, innere Einsprachen, Visionen und Offenbarungen empfangen zu haben. – Sie wurde von großer Furcht ergriffen, so sehr, daß sie manchmal am hellichten Tage nicht allein zu sein wagte. Aber das bewahrte sie doch nicht vor diesen Erfahrungen, so daß sie von schwerer Sorge erfüllt war, es könne sich um Irreführungen des Teufels handeln. Darum wandte sie sich an Geistliche der Gesellschaft Jesu, die sich in spirituellen Dingen auskannten" (CC 53).

Teresa von Avila.
Anonymes Gemälde aus dem 18. Jahrhundert
in La Santa, Avila.

Teresa berichtete: „Er war so spindeldürr, daß er aus nichts als Baumwurzeln zu bestehen schien" (V 27, 16-19). Er aber schrieb ihr zu ihrer ersten Gründung: „Der heilige Geist erfülle Ihre Seele! Der Herr Gonzalo de Aranda zeigte mir eines Ihrer Schreiben, und ich erschrak sehr, daß Sie von Gelehrten ein Urteil erwarten, das ihnen nicht zusteht. Handelte es sich um einen Rechtsstreit oder um eine Gewissensfrage, so wäre es richtig, Juristen oder Theologen zuzuziehen. Aber über die Vollkommenheit des geistlichen Lebens kann niemand urteilen als diejenigen, die darin Erfahrung haben, denn Gefühl und Bewußtsein werden von dem bestimmt, was man selber zu leben versucht. Und man sollte überhaupt nicht wegen der evangelischen Räte fragen, ob man ihnen folgen soll oder nicht, ob sie einzuhalten sind oder nicht, denn diese Fragen fallen in das Fach des Unglaubens.
Wenn Sie dem Rat Christi folgen wollen, in Armut zu leben, tun Sie es, denn dieser Rat wurde den Frauen wie den Männern erteilt. Er wird bewirken, daß es Ihnen gut geht, wie allen, die ihn befolgten."(Avila, den 14.4.1562. Aus: Obras Teresa III, 2).
Pedro de Alcántara erschien der Heiligen im Augenblick seines Sterbens noch im gleichen Jahr. (Vgl. V 27, 19).

Petrus von Alcántara (1499-1562).
Statue aus dem 17. Jahrhundert im Kloster
San Pedro de Alcántara bei Arenas de San Pedro.

Teresa hatte zwei große Erschütterungen erfahren, eine schreckliche Höllenvision von erstickender Dunkelheit und die Ergriffenheit vor der wundenbedeckten Christusbüste, die man in ihr Oratorium gestellt hatte. (Diese Büste wird manchmal mit der Statue „Christus an der Säule" verwechselt. Vgl. dagegen Bild S. 51). Folge dieser Erschütterungen war das Finden zur Lebensaufgabe der Ordensreform und des Schreibens.
Am Anfang stand die Gründung eines winzigen Klosters in Avila, das Teresa, wie zwei Drittel ihrer späteren Klöster, San José nannte. Von Anbeginn hatte sie mit großen Schwierigkeiten und Widerständen zu kämpfen. Als sie nicht mehr weiter wußte, sagte sie: „Herr, dieses Haus gehört nicht mir, für dich wurde es errichtet. Wenn nun niemand mehr etwas dafür tun will, möge doch deine Majestät sich seiner annehmen." „Danach", erklärte Teresa, „war ich so ruhig und gelassen, als arbeite die ganze Welt für mich, und ich war sicher, daß der Plan verwirklicht werde" (V 36, 17).
Sie schrieb dann, als das Kloster nach großen Tumulten doch eingeweiht war: „Wir leben nach der Regel Unserer Lieben Frau vom Berge Karmel ganz ohne Milderung, so wie sie Fray Hugo Kardinal von St. Sabina im Jahre 1248, im fünften Jahre des Pontifikats Papst Innozenz IV., angeordnet hat" (V 36, 27). Hier irrte Teresa, die mit Daten immer ein wenig auf Kriegsfuß stand. Die von ihr genannte Ordensregel ist die erste gemilderte von 1247, auch einfach Innozenz-Regel genannt. Die ursprüngliche Regel ist die des Patriarchen Albert von Jerusalem von 1209. (Vgl. Tomás Álvarez in „Monte Carmelo" 93, Burgos 1985).

Bild oben: Zeichnung des Klosters San José (Hye Hoys, 1866-1867).
Bild rechts: Die Küche im Kloster San José.

Juan de Ávila entstammte wie Teresa einer Konvertitenfamilie aus Toledo, Ávila ist sein Familienname. Man nannte ihn den Apostel von Andalusien. Als sich Teresa wegen der mystischen Phänomene in ihrer Autobiographie Angriffen ausgesetzt sah und einen Inquisitor um Rat fragte, verwies dieser sie freundlich an Juan de Ávila. Dieser las das Buch und schrieb am 12. September 1568: „Die Methode, mit der nach Ihrer Darstellung Gott die Seele bildlos und ohne innere und äußere Ansprachen lehrt, ist absolut sicher; ich finde hier nichts auszusetzen, und auch der heilige Augustinus spricht gut von ihr. Bildhafte Visionen, in denen sich äußere Dinge darstellen, sind die zweifelhaftesten, man darf sie sich niemals wünschen. Wenn aber alles getan wude und die Visionen dennoch andauern und die Seele sich durch sie gefördert sieht, wenn sie nicht Eitelkeit mit sich bringen, sondern zu tiefer Demut führen: dann gibt es keinen Grund, diese Visionen zu fliehen. – Wer setzt der Güte des Herrn Grenzen? Zumal diese Erfahrungen weder für Verdienste geschenkt werden, noch weil jemand stärker ist als andere, sondern eher, weil er schwächer ist. Die Erfahrungen waren gut für Ihre Seele, sie sind Ihnen Anlaß zu Buße, zu Selbstkritik und Gottesliebe.“ (Vgl. E. Lorenz, Ein Pfad im Wegelosen, Freiburg 2/1990, S. 71 ff).

Juan de Ávila (1500-1569).
Kanonisierung am 31. Mai 1970.
Gemälde von El Greco. Casa El Greco, Toledo.
Die Authentizität des Gemäldes wurde erst kürzlich gesichert.

Wenn Teresa von Avila dem heiligen Joseph, nach dem sie ihre Klöster benennt, eine Vorzugsstellung einräumt, so hat das objektive und subjektive Gründe. Objektiv hat das Tridentinische Konzil (1547-1562) erstmals seine Verherrlichung propagiert. Subjektiv hat sie mit diesem Heiligen beste Erfahrungen gemacht: „Ich wählte als Anwalt und Herrn den glorreichen Joseph und empfahl mich ihm sehr. Es ist einfach überwältigend, welch große Gnaden ich durch die Vermittlung dieses Heiligen von Gott empfing, aus welchen Gefährdungen des Leibes und der Seele er mich errettete. Während es bei anderen Heiligen scheint, als habe ihnen Gott Gnade für Hilfe nur in bestimmter Not gewährt, machte ich mit diesem glorreichen Heiligen die Erfahrung, daß er für alle Nöte wirksam ist. Als wolle der Herr uns zu verstehen geben, daß er ihm als seinem Vormund ja im Erdenleben unterstellt war, weshalb er ihm nun auch im Himmel alle Bitten erfülle“ (V 6, 6). Bei der Gründung des ersten Klosters erscheint ihr der heilige Joseph und gibt ihr zu verstehen, daß es ihr nicht an Geld fehlen werde (V 33, 12). So ist dieser Joseph kein schwacher Greis. Als einer der ersten Maler, die St. Joseph verherrlichen, ist El Greco zu nennen. Er zeigt einen jungen, starken Joseph, der dem Jesuskind Schutz und Liebe gibt, während im Hintergrund Toledo das Erdenschicksal vertritt.

Der heilige Joseph mit dem Jesuskind.
Altarbild von El Greco in der Josephskapelle
der Kathedrale von Toledo.

Das Kloster von Pastrana, eine Stiftung des Fürsten Éboli und seiner exzentrischen Frau, war die zweite Gründung eines Mönchsklosters, die im Auftrag Teresas von ihren ersten Mönchen durchgeführt wurde. Die „Einkleidung" der beiden auf der Freske dargestellten Mönche, Mariano de la Miseria (der spätere Porträtmaler) und Ambrosio de San Benito, nahm auf Teresas Wunsch Pater Baltasar de Jesús aus Sevilla vor, der dann als Vikar in Pastrana blieb. Der Akt der Einkleidung kann in Mönchsklöstern nicht von einer Frau vorgenommen werden. Das Bild zeigt also eine Legende. Realistisch ist jedoch, daß die Reformerin dabei anwesend war und daß der Zuschnitt des Habits der Unbeschuhten von ihr entworfen, Stoffe und Farben von ihr bestimmt waren.
Pater Gracián schrieb über Teresa: „Sie war voller Missionseifer, jedoch gemäßigt durch Kontemplation und innere Sammlung. Sie versäumte keine ihrer Pflichten und Arbeiten. Dennoch war sie eine tief verinnerlichte Einsiedlerin, die ständig in der Gegenwart Gottes lebte. Sie bewies und verherrlichte diese Gegenwart, indem sie unermüdlich reiste und gründete, Verhandlungen führte und Verbindungen herstellte, auf daß viele Seelen für Gott gewonnen würden. Mit Recht kann man die heilige Mutter Teresa eine Königin nennen, denn ihr Geist war so groß und königlich nur auf das gerichtet, was Gott betrifft, daß sie sich über alles Kleinliche hinwegsetzte und, statt ängstlich zu sein, allen das Kreuzesbanner der Nachfolge Christi vorantrug." (Obras del Padre Gracián de la Madre de Dios, Sermones, Bd. II, Burgos 1933, S. 496-98).

Teresa kleidet im Beisein des Fürsten Éboli und seiner Frau die ersten Karmeliter des Klosters in Pastrana ein.
Freske aus dem 17. Jahrhundert in diesem Kloster.

Teresas erster Biograph, Francisco de Ribera SJ (1537-1591) schreibt: „Die Mutter Teresa war gut gewachsen und in ihrer Jugend schön, doch selbst im Alter sah sie noch gut aus. Der Körper kräftig und sehr weiß, das Gesicht rund und voll, von rechter Größe und guten Proportionen. Weiß und rosig, und wenn sie ins Gebet versenkt war, glühte es in höchster Schönheit auf , friedvoll und rein. Ihr Haar war schwarz und kraus, die Stirn schön in gleichmäßiger Breite, die Brauen von ein wenig zur Schwärze neigendem Dunkelblond, lang und stark, aber nicht geschwungen, sondern gerade. Die Augen schwarz, rund und ein wenig hervorquellend (wie man das nennt, ich weiß mich nicht besser auszudrücken), nicht groß, aber sehr gut angeordnet, lebhaft und charmant.

Wenn sie lächelte, wurden alle fröhlich und lachten, andererseits wurde man tiefernst, wenn ihr Antlitz Ernst ausdrücken wollte. Die Nase, klein und nicht sehr vortretend, hatte eine runde und etwas herabgebogene Spitze, die Nasenlöcher zierlich und geschwungen, der Mund weder groß noch klein, die Oberlippe schmal und gerade, die Unterlippe dick und ein wenig herabhängend, von guter Form und Farbe. Gesunde Zähne, ein wohlgebildetes Kinn, die Ohren weder groß noch klein, der Hals breit und nicht hoch, sondern eher ein wenig gedrungen. Kleine, hübsche Hände. Im Gesicht auf der linken Seite drei Leberfleckchen, die den Reiz noch erhöhen, einer direkt unterhalb der Nasenspitze, einer zwischen Nase und Mund und der dritte unterhalb der Lippen.“ (Vida de la Madre Teresa, 1. Edition Salamanca, 1590).

Teresa von Avila.
Porträt aus der Rubensschule.

Pater Gracián: „Die Mutter Teresa schreibt alles, ohne ein einziges Mal etwas zu streichen oder zu ändern, mit großer Schnelligkeit. Obwohl sie eine Frau ist, ist ihre Schrift sehr deutlich, und sie schreibt so flüssig und geschwind, wie es sonst nur die Notare zu tun pflegen. Auch staunte ich immer, wie viele Briefe sie täglich mit eigener Hand verfaßte und an ihre Klöster sandte. Keine Nonne blieb ohne Antwort, und das galt auch für andere Menschen, wenn es um Angelegenheiten des Ordens ging oder um Fragen und Zweifel bezüglich des Gebets." (Dilucidario del verdadereo espíritu, Cap. V, S. 17. Obras Bd. I).

Graphologischs Gutachten: „Sowohl lineare, regelmäßige, nahezu zur Versteifung neigende Formen der „m-n"-Reihe, die den beharrlichen Willen zum Denken, zur Geradlinigkeit wie auch zu formaler und konzentrierter Arbeit betonen, wie auch die schalenförmigen, ausgreifenden Bewegungen, die ein ganzheitlich umfassendes, religiöses Moment zum Ausdruck bringen wollen. Beide Seiten, die „harten Kanten" und die weichere, umgreifendere Linienführung, deuten möglicherweise eine Konfliktbereitschaft in Teresas Persönlichkeit an: strenge Pflichterfüllung und Zielbewußtheit und eine uneingeschränkte warme Sinnen- und Lebensfreude. – In dieser Handschrift werden die Pole menschlichen Daseins zuammengefaßt in einem vielfältig gewirkten Muster, das den Zusammenhang wahrt und Theresia als eine eigenständig gereifte und nicht immer bequeme Persönlichkeit ausweist." (R. Klaiber in „Meditation" 3, 1991, S. 98).

Handschrift Teresas.
Textfragment aus „Vida" 19, 10-11.

grādes mj sericordias no vna sino
q a perdonado tanta yngratitud
q lo fue amj muchas q̄ conffaçō me t
monjo no pretendiese amjs tardes
entrataba en e mjs tod tan publi c
tan grā de la mja adonde pensaba se
rremedio sino en vos q̄ dis varate v y
andar sienpre tiro peçando q̄ vmj
berbia ynventaba en mj el demon
me de estar a ffimadā la columna y b
de sus tentar y andar tan grā cay
santiguo y no me parece q̄ e pasado
peligroso como estoy nbencion q̄ e
me enseñaba por via de vmjldad
enel pensamjento q̄ como cosa tan
do rrecibido tantas mrs avia delle
cion q̄ me bastaba rreçarlo q̄ debia c
mos q̄ anque esto no açia bien como
mos q̄ era poco acatamjen y tener en
de dios bien era pensar y entender e
nerlo por obra fue el grā disimo ma
ays vos señor q̄ ansi me rremediastes
de la tentacion q̄ açia a judas me pa
so q̄ no osaba el traydor tan al des c
el binjera de poco en poco a dar con
dio con el mjen esto por amor de dios
tan oracion sepan q̄ el tienpo q̄ est
za mucho mas perdida mj vida mj
rremedio me daba el demonjo y q̄ do
vndes a sosiego en mj grā de mas co

Die heilige Teresa berichtet im 17. Kapitel der „Klostergründungen“: „Durch den leidenschaftlichen Schmerz über den Tod ihres Gatten trat Fürstin Éboli voreilig als Nonne in das (von ihr gestiftete, d. V.) Kloster ein. In ihrer Trauer konnte sie aber keinen Gefallen finden am ungewohnten Klausurleben, und andererseits konnte die durch das Tridentinische Konzil gebundene Priorin ihr die gewünschten Freiheiten nicht gewähren. Das brachte sie so sehr gegen die Priorin und alle Nonnen auf, daß ihr Ärger noch fortdauerte, als sie schon wieder zuhause war und den Habit abglegt hatte. Die Nonnen waren dadurch so beunruhigt, daß ich mich mit allen Mitteln bemühte, das Kloster hier wegzubringen und stattdessen eines in Segovia zu gründen. In diesem Sinne sprach ich mit den geistlichen Vorgesetzten. Die Nonnen übersiedelten nach Segovia, sie ließen alles zurück, was sie von der Fürstin erhalten hatten, und nahmen nur einige Schwestern mit, die sie auf Veranlassung der Fürstin ohne Mitgift aufgenommen hatten. Die Betten allerdings und die kleinen Dinge, die sie selbst eingebracht hatten, führten sie mit sich, während die Leute des Ortes sie ungern ziehen ließen. Ich aber war der glücklichste Mensch der Welt, als ich sie wieder in Ruhe sah, und ich wußte genau, daß sie unschuldig waren am Ärger der Fürstin“ (F 17, 16-17).

Ana de Mendoza, Fürstin Éboli (1540-1592).

Teresa berichtet im Buch der Klostergründungen:
„Es war am Fest des Heiligen Geistes. Wir beeilten uns sehr, um am Morgen rechtzeitig zur Eucharistiefeier in Córdoba zu sein, und wir wollten nicht gesehen werden. Unser Ziel war eine Kirche jenseits der Brücke, der einsameren Lage wegen (die Kirche Campo de la Verdad). Als wir schon im Begriff waren, die Brücke zu passieren, stellte sich heraus, daß man für Wagen die Lizenz des zuständigen Ratsherren brauchte. Da vergingen nun zunächst zwei Stunden, weil die Stadtväter noch nicht aufgestanden waren, während viele Leute schaulustig herbeiströmten, um zu sehen, wer denn da anreise. Das machte uns nicht viel aus, denn wir waren tief verschleiert. Als dann aber endlich die Lizenz kam, gingen die Wagen nicht durch das Brückentor. Man mußte sie absägen – oder was weiß ich –, worüber wieder eine gute Weile hinging.
Als wir dann endlich bei der Kirche anlangten, war sie voller Menschen, und ich meinte, es sei besser, auf das Messehören zu verzichten, als uns in dieses Getümmel zu stürzen.“ (Aber der Geistliche der Kirche war anderer Meinung, d. V.). „Wir stiegen also bei der Kirche aus, und es genügte, uns mit den großen Schleiern, den weißen Mänteln und den Hanfsandalen zu sehen, um alles in Aufregung zu versetzen. Die Leute lärmten wie beim Stierkampf, wenn die Stiere die Arena betreten!“ (F 24, 12-14).

Bild oben: Blick auf Córdoba.
Stich von David Roberts, 19. Jahrhundert.
Bild rechts: Brücke über den Guadalquivir bei Córdoba.

Die Klostergründung in Toledo dauerte von März bis Mai 1569, denn Teresa hatte mit erheblichen Schwierigkeiten und Rückschlägen zu kämpfen: „Tagelang hatten wir nichts als Strohsäcke und eine Decke, kein weiteres Zeug. Und eines Tages hatten wir nicht einmal mehr einen Holzscheit, um uns eine Sardine zu braten. Ich weiß nicht, wen der Herr bewegte, daß er uns ein Holzbündel in die Kapelle legte, mit dem wir uns dann helfen konnten. Diese Armut war sehr gut für uns, denn so groß wurden unser innerer Trost und unsere Fröhlichkeit, daß ich seitdem oft daran denken muß, welchen Schatz der Herr in den Tugenden bereithält." – Als darum der Kaufmann Alonso Álvarez Ramírez doch das Geld gab, das er als Erbe seines spendenfreudigen Bruders anfangs verweigert hatte, empfanden Teresa und ihre „Töchter" das Ende ihrer Armut als einen Verlust, „als habe man uns Goldschmuck geraubt", sagt sie mit humorvoller Ironie. Von dem Geld wurde ein einfaches Haus im Judenviertel gekauft, nah der berühmten Synagoge, das Teresa mit Hilfe eines mittellosen, aber findigen jungen Mannes schon bezogen und durch die heilige Eucharistiefeier eingeweiht hatte, so daß man ihr nun die Erlaubnis nicht mehr gut verweigern konnte. Doch empörten sich einige über den bürgerlichen Stand des Alonso Álvarez, wozu Teresa schrieb: „Ich kümmerte mich nicht groß darum,. denn Gott sei Dank habe ich immer die Tugend mehr geschätzt als die Herkunft („linaje"!)." – Ein Jahr später wurde das Kloster verlegt, „denn mit Gottes Hilfe kauften wir das jetzige Haus, das in Toledo zu den guten gehört und zwölftausend Dukaten gekostet hat" (F 15, 13-17).

Bild oben: Zeichnung des Klosters von Toledo (Hye Hoys, 1866-1867).
Bild rechts: Blick auf Toledo.

Johannes vom Kreuz in Andalusien

Aus Teresas Brief an Ana de Jesús in Beas:
„Sie können mir glauben, liebe Tochter, seit Pater Johannes vom Kreuz zu Ihnen ging, habe ich hier in Kastilien keinen gefunden, der ihm gleichkäme, keinen, der eine so glühende Inbrunst für den geistlichen Weg zu wecken vermag. Sie glauben gar nicht, wie einsam ich mich fühle, seit er fort ist. Erkennen Sie bitte, welch großer Schatz Ihnen in diesem Heiligen geschenkt ist! Unser Herr hat ihn als Seelenführer ganz besonders begnadet" (Cta 261, Avila, Mitte November 1578).

Johannes vom Kreuz schrieb im „Geistlichen Gesang":
„Mein Herz erkannte im Geschaffenen eine solche Fülle gottgeschenkter Herrlichkeit und Gnade, daß alles mit staunenswerter natürlicher Schönheit und Gutheit bekleidet schien, die sich überströmend von jener unendlichen übernatürlichen Schönheit des göttlichen Antlitzes mitteilt, dessen Blick die Welt und alle Himmel mit Schönheit und Freude überzieht." (Cántico Espiritual 6, 1).

Er betete am liebsten im Freien und nahm seine Mönche mit, wozu er in Granada erklärte: „Ich wollte verhindern, daß ein zu langes Verweilen im Kloster den Wunsch weckte, es zu verlassen." (Überliefert in den Seligsprechungsakten, Ms Vaticano 2862, fol. 6, Decl. Juan Evangelista, Sekretär des Johannes vom Kreuz).

Johannes vom Kreuz (1542-1591).
Ölgemälde auf Holz, Granada.
Eine der ältesten authentischen Darstellungen.
Der Heiligenschein wurde später hinzugefügt.

Teresa bittet den König um Hilfe für Johannes vom Kreuz:

„Die Gnade des Heiligen Geistes sei immer mit Eurer Majestät, amen. Ich war stets des festen Glaubens, daß Unsere Liebe Frau sich Eurer Majestät zum Schutze und zur Unterstützung des Ordens bedient. Darum wende ich mich jetzt an Eure Majestät. Bitte verzeihen Sie meine Kühnheit um der Liebe unseres Herrn willen.

Jetzt ist einer der Beschuhten (Tostado, d.V.) in das Kloster gekommen, der, ganz ohne Ordnung und Gerechtigkeit, den Nonnen das Leben schwer macht. Vor allem aber hat dieser Mönch ihnen die beiden unbeschuhten Beichtväter genommen: Er hält sie in seinem Kloster gefangen! Zuvor ließ er ihre Zellen aufbrechen und konfiszierte alle ihre Schriften. Es heißt, dieser Mann sei Generalvikar geworden, und er muß sich dazu auch wirklich eignen, denn er versteht es wie kein zweiter, Märtyrer zu schaffen. Die ganze Stadt ist empört. Wie kann dieser Mann es wagen, derart seine Befugnisse zu überschreiten in einer Stadt, die der Residenz Eurer Majestät so nahe ist? Doch scheinen diese Menschen weder die weltliche Gerechtigkeit noch Gott zu fürchten. Es schmerzt mich sehr, unsere beiden Brüder in diesen Händen zu wissen. Besser wären sie unter die Mauren gefallen, die doch vielleicht Mitleid gezeigt hätten. – Pater Johannes vom Kreuz, dieser große Diener Gottes, ist durch alles, was man ihm angetan hat, so geschwächt, daß ich um sein Leben fürchte. Bei der Liebe unseres Herrn flehe ich Eure Majestät an, baldmöglichst die Freilassung zu befehlen und ein Gesetz zu erlassen, kraft dessen die Beschuhten Karmeliten die armen Unbeschuhten nicht mehr mißhandeln dürfen“ (Cta 208, Avila, den 4. Dezember 1577).

König Philipp II. (1527-1598).
Gemälde von Alonso Sánchez Coello.

277.

In den Kämpfen um die Reform hatte Teresa zunächst in Ormaneto einen ihr gewogenen päpstlichen Nuntius zur Seite. Er starb 1577, und sein Nachfolger Sega war ein erbitterter Feind Teresas und ihrer Reform. Er beschimpfte sie als „Landstreicherin" und verschaffte sich im Juli 1578 ein päpstliches Breve, das Pater Gracián seine Rechte als Apostolischer Visitator absprach. Gracián eilte zu Teresa, diese sandte ihn zu König Philipp in den Escorial. Am 14. August schrieb sie an Gracián: „Der Herr wollte mich nicht lange leiden lassen, und so erwies es sich als gut, daß Sie, mein Pater, sich zum rechten Zeitpunkt in den Escorial begaben." (Heute bewahrt der Escorial in seiner Bibliothek wichtige Manuskripte der Heiligen. Damals war das gewaltige Bauwerk zwar schon bewohnt, aber keineswegs fertiggestellt).
Gracián selbst berichtet genauer über die Zusammenhänge, die zeigen, wie der Reformorden und mit ihm Teresa und ihre Freunde in das knirschende Räderwerk der Politik gerieten: „Nuntius Sega kam an den Hof in Madrid und wollte Befehlsgewalt über die Orden, wie er sie über den weltlichen Klerus besaß. Er ließ mich rufen und sagte mir unter vielen Schmeicheleien, ich könne mein Visitatoramt fortsetzen, wenn ich sein Vorhaben unterstützen würde. Ich ging zum König, erzählte ihm alles und fragte ihn, was ich tun solle. Er antwortete, ich solle mich stillhalten, bis er in dieser Angelegenheit an den Papst geschrieben habe. Der Papst schrieb, der Nuntius solle sich nicht in Angelegenheiten der Mönche mischen, es sei denn, daß der König ihn darum bitte." (Peregrinación de Anastasio, Burgos 1905, S. 39 f).

Blick auf das Kloster El Escorial.
Gemälde von Michel-Ange Houasse (1680-1730).

Als Teresa von Avila Pater Jerónimo Gracián (1545-1614) in Beas de Segura kennengelernt hatte, schrieb sie an eine befreundete Priorin: „O liebe Mutter, wie gern hätte ich Sie in diesen Tagen bei mir gehabt. Ich gestehe Ihnen ohne Übertreibung, es waren, glaube ich, die besten meines Lebens! Pater Magister Gracián blieb mehr als zwanzig Tage. Je mehr ich mit diesem Mann umgehe, um so deutlicher wird mir sein unschätzbarer Wert!“ (12. Mai 1575).

Und im Buch der Klostergründungen berichtet sie: „Pater Jerónimo Gracián besuchte mich in Beas. Wir hatten uns noch nie gesehen, so sehr ich das auch stets gewünscht hatte. Nur geschrieben hatten wir uns einige Male. Ich war hocherfreut, als man mir seine Ankunft meldete, denn mir lag sehr an dieser Bekanntschaft nach all dem Guten, das man mir von ihm erzählt hatte. Aber noch viel größer war meine Freude, als ich ihn dann wirklich kennenlernte. Er gefiel mir so sehr, daß mir schien, alle, die ihn mir bisher angepriesen hatten, kannten ihn gar nicht. Ein Blick genügt, um zu erkennen, daß uns der Herr in diesem Manne die Hilfe sandte, die ich in meinem erschöpften Zustand brauchte. Und so war ich denn in diesen Tagen so grenzenlos glücklich und hoffnungsvoll, daß ich vor mir selbst erschrak. Damals hatte er nur den Auftrag für Andalusien, aber während seines Aufenthaltes in Beas sandte der päpstliche Nuntius nach ihm und beauftragte ihn auch für die Unbeschuhten Mönche und Nonnen in Kastilien. Mein Inneres wurde davon mit so freudiger Genugtuung erfüllt, daß ich in diesen Tagen gar nichts anderes tun konnte als unaufhörlich unserem Herrn zu danken“ (F, Kap. 24).

Pater Jerónimo Gracián de la Madre de Dios
(1545-1614).
Aus: Obras completas II, Burgos, 1933.

Teresa, der unter den evangelischen Räten der Gehorsam am schwersten fiel, bat immer wieder ihren liebsten Ordenssohn und Vorgesetzten Pater Jerónimo Gracián, ihr Bußübungen aufzuerlegen. Dieser tat es nicht ohne Humor. So befahl er ihr, sich von dem rauhbeinigen Bruder Juan de la Miseria malen zu lassen, und berichtete später:

„Er fackelte nun auch nicht weiter, befahl ihr, dem Gesicht den Ausdruck zu geben, den er haben wollte, und schalt mit ihr, wenn sie sich vor Lachen nicht mehr halten konnte und wackelte. Noch nicht zufrieden, konnte er nicht umhin, ihr Gesicht in beide Hände zu nehmen und so zum Licht zu drehen, wie er es haben wollte. Diese ganze Übung ließ die Mutter in großer Geduld über sich ergehen, ohne den Kopf zu drehen und was ihr sonst von der Bequemlichkeit des Malers an Unbequemlichkeiten auferlegt wurde. Das Porträt fiel trotz all der Anstrengung nur mäßig aus, denn es zeigte nichts von dem Charme und der Anmut im Antlitz der heiligen Mutter. Und so sagte sie denn, nachdem sie es betrachtet hatte: ‚Gott verzeihe dir, Bruder Juan, erst hast du mich wahrhaftig genug geplagt, und am Ende hast du mich so häßlich und triefäugig gemalt!' Es ist gut, dieses einmal berichtet zu haben, damit niemand meine, auch nur eine Spur von Eitelkeit habe die heilige Mutter veranlaßt, sich malen zu lassen: es war alles nur Buße.“ (Scholias y Addiciones al Libro de la Vida de la Me. Teresa de Jesús, que compuso el Pe. Doctor Ribera, f 226 und f 56 r).

Teresa von Avila
Porträt von Juan de la Miseria (das einzige nach dem Leben). Im Karmel zu Sevilla.

·MISERICO

Teresa schreibt an Gracián: „Ich muß Ihnen sagen, daß ich nicht gerade glücklich bin über Ihre Stürze! Man sollte Sie festbinden, damit Sie nicht herunterfallen können! Ich weiß ja nicht, was dieser Esel taugt und warum Sie an einem Tag zehn Meilen (55 km) reiten müssen, was doch auf einem Saumsattel zum Umkommen ist" (Cta 89, Sevilla, Mitte Oktober).
Fünf Jahre später: „Ich fürchte, dieses Mauleselchen wird für meinen Pater nicht das Richtige sein, und ich meine, man sollte ihm ein gutes Tier kaufen. In diesem Falle wird sich jemand finden, der Ihnen das Geld leiht, und wenn ich etwas bekomme, werde ich es Ihnen schicken. Man könnte auch das alte Pferd meines Bruders Pedro verkaufen, wenn er zustimmt. Daß man mir nur kein Tier kauft, das meinen Pater abwirft! Da macht mir das jetzige, klein wie es ist, weniger Sorgen" (Cta 334, Valladolid, 4. Oktober 1580).

Gracián berichtet später über die Reitkünste der Ordensmutter: „Man muß erlebt haben, mit welcher Sorgfalt sich die Mutter um alles kümmerte, was ihre Begleitung brauchte. Es ist, als hätte sie nichts anderes zu denken und wäre ihr Leben lang Maultiertreiber gewesen! Gelegentlich sprach sie über Gott und religiöse Dinge, als säße sie bequem in einer Kutsche, während sie doch auf einem Maultier ritt, so eine sichere Reiterin war sie. Einmal geschah es, daß ihre Mauleselin erschrak und mit ihr durchging. Sie aber stieß nicht einmal einen Schreckensruf aus, sondern bändigte das Tier ganz ohne das extreme Betragen, das Frauen sonst in solchen Situationen zeigen." (Scholias y addiciones f 54, v).

Spanischer Esel - das Reittier einfacher Leute auf dem Lande. Die Heilige ritt eine Mauleselin.

Bilder oben: Inka-Darstellungen, oben Tanzszene bei einer kultischen Feier, darunter die Frau und Schwester des Inka.
Bild rechts: Teresita, die Nichte der heiligen Teresa. Gemälde aus dem 16. Jahrhundert im Karmel zu Sevilla.

Eigentlich war Teresas Bruder Lorenzo nach Ecuador (Quito) ausgewandert, aber man nannte das Gebiet noch Perú. Lorenzo heiratete dort eine Spanierin und hatte drei Kinder. Als die Frau starb – Ehefrauen erreichten damals selten ein höheres Alter – schiffte sich Lorenzo mit den Kindern nach Europa ein. Doch das Schiff ging unter, außer dem Vater überlebte nur die kleine Teresa, „der einzige Schatz, den ich aus Indien mitgebracht habe“, sagte der unglückliche Don Lorenzo, als er Teresa seine Tochter brachte, die bei ihr im Kloster blieb. Man nannte sie dort manchmal scherzhaft „Terezita“ in Nachahmung des „südamerikanischen“ = andalusischen Akzents, der das S dem gelispelten spanischen Z angleicht.

Teresa erkannte angesichts des neuen Kontinents die gewaltige Missionsmöglichkeit („Seelen retten“) ihres Gebetsauftrags, aber sie verstand auch die Menschenwürde der Andersgläubigen, hielt die Christen nicht für besser. So schrieb sie an ihren Bruder in Quito:

„Es schmerzt mich immer, so viele Seelen verloren zu sehen, und besonders der Gedanke an die Indios setzt mir zu. Der Herr erleuchte sie! Es gibt ja hüben wie drüben so viel inneres Elend, und da ich doch viel herumkomme und mit vielen Menschen spreche, bin ich manchmal ganz fassungslos. Wir sind ja schlimmer als Tiere, wenn wir die hohe Würde unserer Seele nicht erkennen und sie erniedrigen, indem wir wertlosen irdischen Dingen nachjagen. Der Herr erleuchte uns!“ (Cta 24, 20; 17. Januar 1570).

Ana de Jesús (Lobera), 1545-1621, Priorin von Beas, Gründerin von Granada und, nach dem Tode Teresas und unterstützt von Johannes vom Kreuz, von Madrid. Die Mutter Teresa muß sofort gespürt haben, welch eine wertvolle Mitarbeiterin sie gefunden hatte. Denn in einem undatierten (aber jedenfalls frühen) Brieffragment lesen wir:
„Meine Tochter und meine Krone! Ich kann Gott gar nicht genug dafür danken, daß er Sie in den Orden brachte! Denn so wie er die Söhne Israels, als er sie aus Ägypten herausholte, mit einer Säule versah, die des Nachts führte und leuchtete und bei Tage Sonnenschutz gab, so verfährt er, scheint es mir, auch mit unserer Kongregation, in der Sie, meine Tochter, die Säule sind, die uns führt, die uns leuchtet und uns schützt" (Cta 468, Anhang).
Später, anläßlich der Granadagründung, klingt es weniger begeistert: „Ich würde Ihnen umfassende Anweisungen schicken, müßte ich nicht befürchten, damit Anlaß zu geben, daß man unseren Gott durch Ungehorsam beleidigt" (Cta 424, Mai 1582).
Die Verstimmung war bald beigelegt. Nach dem Tode der Mutter sammelte Ana ihre Manuskripte für Professor Luis de León, der ihr bei der Herausgabe das Vorwort widmete und ebenso sein umfassendstes Werk, die „Erläuterung des Buches Hiob". Ein Gleiches tat Johannes vom Kreuz mit seinem „Geistlichen Gesang". Ana wirkte ab 1604 mit Ana de San Bartolomé (Bild 00) zunächst in Frankreich, dann in Belgien für Reform und Schriften der Mutter Teresa. Klostergründungen in Löwen, Mons und Brüssel, wo sie am 4. März 1621 starb. Die Kirche verlieh ihr den Titel „venerabilis", ehrwürdig.

Ana de Jesús.
Gemälde aus dem 16. Jahrhundert in
La Santa, Avila.

Ana de San Bartolomé (1549-1626) war eine einfache Laienschwester, die Teresa zunächst zu ihrer gesundheitlichen Betreuung gern bei sich hatte. Sie erkannte ihre geistige Begabung, lehrte sie schnell lesen und schreiben und verfügte nun mit der Pflegerin auch über eine gute Sekretärin. Nach dem Tode Teresas versetzten die Oberen sie unter die Chorschwestern. Sie ging 1607 nach Frankreich, wo sie als Priorin den Neugründungen von Pontoise, Paris und Tours vorstand. 1612 gründete sie den Karmel zu Antwerpen, wo sie bis zu ihrem Tode verblieb. Sie wurde 1917 seliggesprochen.

Über die Vorstellung der Ordensmutter von der geistigen Ausrichtung der Unbeschuhten Karmelitinnen sagte sie: „Wenn sie bei einer Nonne nicht großes Interesse am Wohl der Kirche und an der Missionsarbeit sah, schätzte sie sie als verdächtig und unzuverlässig ein, auch wenn diese Nonne sich in Buß- und anderen Tugendwerken als fortgeschritten erwies.“ (Seligsprechungsprozeß Avila 1610, 18°). Ana berichtete reichlich Wunder, bewies aber auch Lebendigkeit und Humor, etwa wenn sie erzählte, daß sich bei den Reisen der Teresa das Volk so drängte, um die berühmte Reformerin zu sehen, daß man zum Mittagessen zwei Polizeibeamte an die Tür stellen mußte. (Vgl. im Verlag Kösel das „Buch der Klosterstiftungen“, S. 384 f). Teresa meinte, als sie zum ersten Male mit fünf Schwestern und Ana reiste, „Letztere war eine so große Dienerin Gottes und so klug, daß sie mir mehr nützen kann als alle die Chorschwestern“ (F 29, 10).

Ana de San Bartolomé.
Gemälde aus dem 16. Jahrhundert
im Kloster San José, Avila.

Aus der Apologie des Fray Luis de León: „Schließlich sagen die Gegner dieser Bücher, sie glaubten ihnen nicht. Sie glauben nicht – na und? Haben sie das Recht, andere daran zu hindern? Mögen sie doch einmal leben, wie man es in diesen Büchern lehrt, und sie werden sehen, wie glaubwürdig sie sind. Und was schadet es ihnen zu glauben, daß eine große Dienerin Gottes war, wer einen Orden reformierte und sein ganzes Leben dafür hingab? Wer Gott allein suchte und liebte? Sollte es nicht vielmehr Neid sein oder Anmaßung oder Überheblichkeit oder Eitelkeit bis in die Knochen oder unheilbare Blindheit oder, was am ehesten zutrifft, alles dieses zusammen?
Ist es schlecht zu glauben, daß Gott zu allen Zeiten und in allen Religionen Wunder tut? Die Mutter berichtet, daß ihr mehrmals der Pater Fray Pedro de Alcántara erschien, sowohl während seines Lebens wie nach seinem Tode. Wieso soll das nicht möglich sein, oder was ist daran neu und unerhört? Ein Beispiel gibt uns Christus, als er den Ananias zu Paulus schickt und ihm sagt: ‚Geh zu ihm, er ist jetzt im Gebet und hat eine Vision von dir, wie du bei ihm eintrittst und ihm deine Hände auf das Haupt legst' (Apg 9, 12). Ich halte es für über die Maßen schwierig, den zufrieden zu stellen, der nicht zufrieden gestellt sein will." (Apologie für die heilige Mutter Teresa de Jesús, geschrieben 1589, gedruckt 1615 in Madrid).

Fray Luis de León (1527-1591).
Porträt von Francisco Pacheco (Lehrer und Schwager des Velázquez), Libro de Descripión de Verdaderos Retratos de Ilustres y Memorables Varones, 1599.

cum Dominus spiritu
sapientiæ et intelectus
Eccles cap. 15.
EL MAESTRO FRAI LVIS DE LEON
Si las obras acertadas de algun Artifice le estan (como dize el
Sabio) alabando siempre, con cuanta mayor razon las de Dios nos dan motivo para
engrandecer su infinita Sabiduria, i mas cuando vemos que nacen algunos ombres, acõ
pañados de tantas gracias que parece que fueron hechos, sin otro medio, por sus divinas

Teresa schreibt im Vorwort zu den "Wohnungen der inneren Burg":
„Weil ich weder wußte, wie das mir aufgetragene Werk beginnen, noch überhaupt, was ich sagen sollte, bat ich inständig unseren Herrn, daß er durch mich sprechen möge. Da fiel mir ein guter Ausgangspunkt ein, nämlich daß wir uns die Seele vorstellen als eine kristallene oder diamantene Burg mit vielen Wohnungen, so wie ja auch der Himmel viele Wohnungen hat. Ganz in der Mitte aber, im Burgzentrum, liegt die Wohnung, auf die alles ankommt und wo höchst geheimnisvolle Dinge zwischen Gott und der Seele geschehen" (1 M 1, 1-3).

Magister Luis de León, der berühmte Dichter und Gelehrte, erster Herausgeber der Werke der heiligen Teresa, schreibt elf Jahre später: „Ich frage mich, ob es in unserer Sprache Werke gibt, die es den ihren gleichtun hinsichtlich der Sprachgebung, der Leichtigkeit und Klarheit ihres Stils, der Anmut ihrer wohlgesetzten Worte, der ungekünstelten Eleganz, die überaus entzückt. Immer, wenn ich in diesen Büchern lese, verwundere ich mich aufs Neue, und oft scheint es mir, als vernähme ich hier mehr als nur den Geist eines Menschen: Ich bin sicher, daß an vielen Stellen der Heilige Geist aus ihr spricht, der ihr Hand und Feder führte." (Die Töchter und die Bücher, Vorwort zur Erstausgabe von 1588).

Teresa von Avila beim Schreiben eines Buches.
Porträt von Diego Rodríguez de Silva y Velázquez (1599-1660).

Brief Teresas an Pater Gracián:
„Die Gnade des Heiligen Geistes sei mit Ihnen, mein Pater. Sie haben mir oft geschrieben, aber das reicht nicht mehr aus, mir den Kummer zu nehmen. Allerdings bin ich erleichtert zu wissen, daß es Ihnen gut geht und das Klima dort bekömmlich ist. Wolle Gott, daß es so bleibe. Soviel ich es übersehen kann, habe ich alle Ihre Briefe erhalten.
Die Gründe für Ihren Entschluß zur Reise haben mich nicht überzeugt. Aber ich empfinde unter den gegenwärtigen Umständen Ihre Abwesenheit so sehr, daß mir die Lust vergangen ist, Ihnen zu schreiben. So unterließ ich es bis jetzt, wo ich dazu gezwungen bin. Heute ist Vollmond, ich hatte eine schlechte Nacht. Doch denke ich, morgen wird mit dem Vollmond auch meine Indisposition vergehen. Das Halsleiden hat sich gebessert, verläßt mich aber nicht.
Ich weiß auch nicht, was Sie so lange in Sevilla wollen. Man sagte mir, Sie würden bis zur Tagung des Kapitels (Mai 1583!) dort bleiben – das macht meinen Kummer noch größer, als wenn Sie nach Granada zurückgekehrt wären...
In Alba (de Tormes) hat man es sich sehr zu Herzen genommen, daß ich schrieb, ich sei verärgert und würde bald dort hinkommen. Gut so! Ach Pater, in welcher Bedrängnis sah ich mich in diesen letzten Tagen, aber nun ist alles wieder gut, weil ich weiß, daß Sie gesund sind" (Cta 438, Valladolid, den 1. September 1582).

Vollmond über Avila.

Alba de Tormes, die letzte Station.

Das Kloster, in dem Teresa am 4. Oktober 1582 starb. Sie hatte es am 25. Januar 1571 gegründet, nicht sehr freudig auf das Betreiben eines adelig-jüdischen Ehepaars, Francisco Velázquez und Teresa de Layz (Conversa), das mit Geschwistern der Heiligen befreundet war.
Teresa war von der Burgos-Gründung so erschöpft, daß sie in Avila ausruhen sollte und wollte. Aber zwei Gründe führten sie nach Alba de Tormes: Der von Teresas geistlichem Vorgesetzten unterstützte Wunsch der Herzogin von Alba, der Granden von Spanien also, die Heilige bei der Geburt eines Enkelkindes in der Nähe zu haben; und Berichte von Vorgängen im Kloster von Alba (vgl. S. 104). Die Priorin ließ sich in der Zelle der Sterbenden nicht blicken. Ana de San Bartolomé und die Nichte Teresita waren bei ihr. Teresita gab später zu Protokoll, daß dieser Tod nicht leicht war. Als letztes Wort der Mutter, anläßlich des Sterbesakraments gesprochen, wird mehrfach übereinstimmend berichtet: „Schließlich, Herr, bin ich Tochter der Kirche“ – „En fin, Señor, soy hija de la Iglesia.“

Bild oben: Zeichnung des Klosters Alba de Tormes (Hye Hoys, 1866-1867).
Bild rechts: Portal des Klosters Alba de Tormes.

Nach dem Tode der Teresa ging es „ihrem" Pater, der treu an ihren Prinzipien der Ordensgestaltung festhielt, bald schlecht. Man warf ihn aus dem Orden. Er segelte per Schiff nach Rom, um beim Papst um Gerechtigkeit zu bitten, fiel aber unterwegs Seeräubern in die Hände, wurde als Türkensklave nach Tunesien verkauft. Erst nach drei Jahren harter Unbill, die ihn dennoch nicht seinen Humor verlieren ließen, konnte ihn ein Jude, dem Gracián einst in Inquisitionsnöten geholfen hatte, für 1300 Escudos in Gold freikaufen. Bei seiner Freilassung trug er den gestreiften Umhang.
Sein Wunsch, wieder in Teresas Orden zurückzukehren, erfüllte sich nicht. Er schlüpfte in den alten Habit der „Beschuhten", lebte mit wichtigen Aufgaben betraut in Rom und Brüssel, schrieb dort seine journalistisch wertvollen, immer wieder von der „Mutter Teresa" berichtenden Schriften und bekannte kurz vor seinem Tode in seiner Autobiographie: „Es genügt zu sagen, daß die Mutter Teresa mich beriet, ermutigte und tröstete, dann mag der Rest ruhig Schweigen sein." (Aus Graciáns Autobiographie „Peregrinación de Anastasio", Erstdruck Burgos 1905, Seite 147 f).

Pater Jerónimo Gracián als freigelassener Türkensklave.
Gemälde aus dem 17. Jahrhundert im Karmel zu Sevilla.

Nada te turbe nada te espante Todo se pasa	Nichts soll dich verwirren nichts soll dich beirren alles vergeht
Dios no se muda la paciencia todo lo alcanza	Gott wird sich stets gleichen Geduld kann erreichen was nicht verweht
Quien a Dios tiene nada le falta Solo Dio basta.	Wer Gott kann erwählen nichts wird ihm fehlen Gott nur besteht.

Die Ruinen eines Karmelklosters.
Stich von David Roberts aus dem 19. Jahrhundert
mit Angabe „Burgos“.

Die Klostergründungen Teresas

Schwestern:

1562 Avila
1567 Medina del Campo
1568 Malagón
1569 Toledo
1569 Pastrana
1570 Salamanca
1571 Alba de Tormes
1574 Segovia
1575 Beas de Segura
1574 Sevilla
1576 Caravaca (Ana de San Alberto delegiert)
1580 Villanueva de la Jara
1580 Palencia
1581 Soria
1582 Granada (Ana de Jesús delegiert)
1582 Burgos

Patres:

1568 Duruelo
1569 Pastrana

FUNDACIONES DE LA MADRE TERESA
1562 ~ 1582
Orduña
Aguilar de Campoo
Pamplona
Palencia
Burgos
Zamora
Valladolid
Soria
Medina del Campo
Segovia
Salamanca
Avila
Pastrana
C. Rodrigo
Arenas de San Pedro
Madrid
Valencia
Alba de Tormes
Villanueva de la Jara
Torrijos
Toledo
Lisboa
Evora
Daimiel
Malagón
C. Real
Caravaca
Sevilla
Beas
Granada
OCEANO
MAR MEDITERRANEO

Nachweis der Fotografen:
Felix Boller: 83; Helmuth Nils Loose: 39, 43, 45, 47, 51, 55, 57, 59, 63, 65, 73, 81, 93, 97, 98, 99, 107, 109; Pastor, Casa El Greco, Toledo: 65; Rosemarie Pierer: 37, 41, 95, 105.

Alle Rechte vorbehalten - Printed in Germany
© Verlag Herder Freiburg im Breisgau 1994
Herstellung Freiburger Graphische Betriebe 1994
ISBN 3-451-23446-7